ホスピタリティ・デザイン論

徳江順一郎 [著]

創 成 社

The Peninsula Hong Kong

◀ サント・シャペル ▶
天井にリブ・ヴォールト、窓は尖頭アーチ、建物の外にはフライング・バットレス

開智学校

木造建築の旅館例（妙見温泉・忘れの里 雅叙苑）

ベッドのある客室（扉温泉・明神館）

「扉温泉 明神館」の「立ち湯」

室内にプールのある客室（Banyan Tree Macau）

Aman Tokyoのロビー

全室専用プール付きのヴィラ
（Banyan Tree Samui）

プライベートプール付きのヴィラ
（The Naka Island）

プール付きの水上ヴィラ（Jumeirah Vittaveli）

野性味あふれるエントランス
(Madikwe Hills)

豪華さを演出したロビー
(Kowloon Shangri-la)

天空の森：ヴィラの露天風呂　　　　　　　　　　ⒸFabrice CHASSERY

組み立て式お茶室MUJYOAN　　　　八芳園提供

ルーフトップダイニング
(Banyan Tree Bangkok)

デザートバー (Banyan Tree Al Wadi)

テラス・ダイニング (Amangalla)

Six Senses Ninh Van Bayの
プールと掘り込んだカフェ

THE SURF OCEAN TERRACEのホール
(挙式会場としても利用可能)

古い建物を再活用したEastern & Oriental Hotel

目黒雅叙園・百段階段
目黒雅叙園提供

目黒雅叙園・旧本館玄関　　　目黒雅叙園提供

目黒雅叙園・現在の4階和風宴会場エントランス　　　目黒雅叙園提供

「伊東ホテルニュー岡部」客室階廊下改装前後・改装前

「伊東ホテルニュー岡部」客室階廊下改装前後・改装後

はしがき

　2013（平成25）年9月7日，アルゼンチンのブエノスアイレスで開催されたIOC総会において，2020年オリンピック開催地が東京に決まり，日本中が歓喜の渦に巻き込まれた。その際に話題になったのが，滝川クリステルさんによる「お・も・て・な・し」のプレゼンテーションである。

　このフレーズがどれほどオリンピック招致に貢献したかは分からないが，多くの日本人は皆，このフレーズを聞いて，「やはり日本のホスピタリティは世界でも最高なんだ」と思ったのではないだろうか。確かに，海外出張の際にさまざまな国々で接客を受けて日本に帰ってくると，「やはり日本の接客はいいな」と思うことが多いだろう。

　しかし，本当に日本のホスピタリティは世界最高なのだろうか。確かにわれわれ日本人にとっては日本のホスピタリティが最高だと感じられたとしても，海外の人々も同じように評価しているのかは疑問が残る。

　一方，わが国では当然のように「おもてなし」という言葉がほぼ「ホスピタリティ」とイコールで使われているが，これも本当に正しいのだろうか。そもそも，「おもてなし」は「〜を以て為す」という動詞から派生したものであると考えられるが，英語のhospitalityには動詞としての派生語はないようである。他にも「〜を以って為す」や「表無し」といった語源についても言及されることがあるが，ここではおもてなしの語源に深くは触れない。しかし，この点一つを取り上げてみても，hospitalityとおもてなしとを混同して使うことは危険なように感じられる。

　そして，ホテルやレストランは一般に，（特に欧米では）「ホスピタリティ産業」と呼ばれる。もしも

　　　おもてなし ＝ ホスピタリティ

であるならば，

日本のおもてなし ＝ 日本のホスピタリティ ＝ 世界最高

ということになり，さらに

　　　日本のホスピタリティ産業 ＝ 世界最高

となるはずであるが，必ずしもそうではないのが現実である。

　わが国のホテル市場は，1990年代初頭を境に大きく変化した。それまでの「御三家」を頂点とするピラミッド構造が，この時代に初めて崩れたのである。そしてそのヒエラルキーを崩壊させたホテルはいずれも「新御三家」や「外資系御三家」と呼ばれるようになった。すなわち，海外でつちかわれたホスピタリティに，少なくとも価格面では超えられてしまったのである。

　このことは，わが国ホスピタリティ産業にとって，実は大変な事態であるのかもしれない。それは，世界最高のホスピタリティと自負していたこの産業が，必ずしもそうではないのかもしれないという状況が生じてきているということになりかねないからである。

　このような状況を招いてしまった原因は，大きくは3つ挙げることができるだろう。つまり，

　（1）ホスピタリティの誤解 … 情緒的な視点
　（2）ファイナンスや会計に対する軽視
　（3）産学連携の希薄さ

である。

　かつて，「ジャパン・アズ・ナンバーワン」と喝采された時代にわが世の春を謳歌していた日本の製造業が，国内の競争に汲々として他国を見下している間に，世界市場では他国の企業にかなわない状況となってしまった。それと同様のことが，今，日本のホスピタリティ産業に起きているのではないだろうか。

　本書では，この中で特に問題であると思われる，（1）ホスピタリティの誤解について説明しつつ，今まであまり語られることのなかったホスピタリティ

産業の施設面について論じていく。

　どれほど素晴らしい演劇も，それにふさわしい舞台が用意されていなければ決して最高のパフォーマンスを発揮することはできない。その意味では，素晴らしいホスピタリティが実現されるためにも，そのための施設や設備がデザインされていなくてはならない。

　ホスピタリティについて，精神論で片づけるわが国の方法論から，われわれはそろそろ卒業するべきだろう。

執　筆　者

目　次

はしがき

第1章　ホスピタリティ概念とホスピタリティ産業 ──── 1
1．ホスピタリティに関する誤解 ················· 1
2．ホスピタリティの語源 ····················· 5
3．サービス概念とホスピタリティ概念 ············· 8
4．ホスピタリティ産業論 ···················· 14

第2章　ホスピタリティ産業におけるハードの重要性 ──── 17
1．サービスの特性と対応 ···················· 17
2．2つの品質 ·························· 21
3．サービス・デリバリー・システムの検討 ·········· 24

第3章　建築とは？　インテリアとは？ ──── 30
1．建築に対する解釈 ······················ 30
2．インテリア ························· 38

第4章　西洋建築史 ──── 46
1．古代から中世にかけて ···················· 46
2．中世から近代にかけて ···················· 52
3．近代以降 ·························· 58

第5章　日本建築史 ──── 69
1．古代から平安時代にかけて ·················· 69
2．平安時代から江戸時代にかけて ················ 77

3．近代以降 ………………………………………… 81

第6章　ホスピタリティ施設の概要 ―― 96
1．ホスピタリティ施設とは ………………………………… 96
2．旅館の施設と設備 ………………………………………… 97
3．ホテルの施設と設備 ……………………………………… 112
　　ケーススタディ①：土地の文脈を…「忘れの里 雅叙苑」　142
　　ケーススタディ②：究極の離れ形式…「天空の森」　147
4．料飲サービス施設 ………………………………………… 154
5．セレモニー施設 …………………………………………… 160
　　ケーススタディ③：八芳園の事例　168
6．その他のホスピタリティ施設 …………………………… 177
　　ケーススタディ④：ディアーズ・ブレインの事例　184

第7章　改築，改装，リノベーションなど ―― 197
1．改　築 ……………………………………………………… 197
　　ケーススタディ⑤：目黒雅叙園における改築例　202
2．改　装 ……………………………………………………… 219
　　ケーススタディ⑥：大江戸温泉物語グループ「大江戸温泉物語
　　　　　　　　　　　伊東ホテルニュー岡部」における改装事例　221
3．リノベーションとコンバージョン ……………………… 233

あとがき　238
索　引　239

第1章
ホスピタリティ概念とホスピタリティ産業

1．ホスピタリティに関する誤解

　世間では，ホスピタリティについての誤解がまかり通っている。これがこの国のホスピタリティ産業界における第一の悲劇の原因である。もっとも大きな間違いは，

　　■ホスピタリティ ＞ サービス

ととらえる視点，つまり，サービスをマニュアル的なもの，定型的なものとしてとらえ，一方で，ホスピタリティを心遣いや気遣い，あるいはそういった面から生じる応用的サービスとしてとらえたうえ，

　　■ホスピタリティの方が素晴らしい，上位の概念である

と位置づける考え方である。

　確かに，こうした分け方をすることによって，「なんとなく」理解しやすくなる面があることは否定できない。日本人にとって，あまりカネの匂いが感じられない「心」を強調するアプローチには，それこそ心に訴えかける面もある。

　しかしながら，中途半端に理解したつもりになり，分かったつもりになってホスピタリティ産業のマネジメントをするほど恐ろしいことはない。

　「ホスピタリティ」を「おもてなし」と誤解したまま，その結果として

　　「日本のおもてなしが世界最高だ」を
　　「日本のホスピタリティが世界最高だ」

と変換してしまいながらも，日本のホスピタリティが世界に通じないものになってしまっているという現状がそのことをよく示している。

それでは，ホスピタリティとはいったいなんなのか。

■お客様に対して心からおもてなしをすること？
■あるいは，お互いに対等な立場でサービスのやり取りをすること？

上記のいずれも，われわれがホスピタリティとして把握しうるのは間違いない。ただし，心からおもてなしをすることや対等な立場でサービス提供が行われることに対してホスピタリティを感じられる面もあるだろうが，ホスピタリティと完全に＝（イコール）で結ばれるものではない。なぜなら，これは日本人同士でしか通じないからである。

ところが，ホスピタリティは外来語であるのはどういうことか。これはすなわち，われわれ日本人が知らない「ホスピタリティのスタイル」が，他にもたくさんあるのだということを暗示している。

この，日本人が知らないホスピタリティのスタイルを含む，普遍的なホスピタリティ観に，わが国のホスピタリティ関係者の多くはまだ到達しえていない。これが，日本のホスピタリティが世界に通じない最大の原因である。そのために，普遍性のある世界基準でのホスピタリティに対する理解がこれからは必要となる。

ただし，このことは仕方のない面もある。異なる文化圏からなんらかの概念や価値観を取り入れる際に，自分たちにとって理解しやすいように，自身が所属する集団の価値観という「プリズム」を通して眺めるのはよくあることだからである。わが国に仏教が取り入れられたのちに，仏教はその根源的な教義から離れ，どんどん日本独自の発展を遂げるようになっていった。タイやラオスなどにおける仏教と，わが国のそれとを比べれば，もはや同じ宗教とは考えにくい（もちろん，根源的には近い点も多々見受けられるが）。こうしたことは，特に思想的な世界などでは枚挙にいとまがない。ホスピタリティ概念も，今まさに同様の状況に置かれていると考えれば分かりやすいだろう。

その意味では，やはりホスピタリティを宗教的価値観の受容過程と同じようにとらえるのは危険である。なぜならば，国境を超えて企業が活動するようになった今の社会において，日本独自の解釈と適用は，競争力を削ぐことにつながりかねないからである。というよりもむしろ，まさに日本のホスピタリティ産業における国際競争力は惨憺たるありさまとなっている。

それでは，なぜ心や精神性を軸としてホスピタリティを語るのは間違っているのだろうか。誤解しないで欲しいのだが，私は心や精神性がホスピタリティと無縁であるといいたいわけではない。むしろ必須の要素であると考えている。しかし，

■心や精神性を「軸として」ホスピタリティを語ること

これが間違いなのである。

ホスピタリティにまつわる諸条件の前提に心や精神性をおき，心構えを切々と説くだけでは，組織のマネジメントなど決してできるものではない。

しかし，一方ではこのような主張が大変多いのも事実である。実際，とあるホスピタリティ企業で，なかなか契約につなげられない社員に対して，「心が足りない」とか「思いが足りない」といったことを繰り返しいわれ，まさに心が折れてしまった人さえいる。本来的には企業側の問題点，すなわち，マーケティング上の問題などが存在するために契約につなげられないかもしれないにもかかわらず，このようにして従業員側に責任転嫁さえ許してしまうのが心を前提としたホスピタリティへのアプローチで多く見られるのは残念なことだ。

こうしたホスピタリティのとらえ方を，著者は

■情緒的ホスピタリティ観

と呼んでいる。

心や精神性といった要素は，誤解を恐れずにいえば，ホスピタリティ実現のための「ツール」なのであって，それらを軸として語ろうとすればするほど，前提となる「価値観」を分かち合える狭い範囲でしか共有できなくなってしま

う。初対面の人にはお辞儀をするという価値観と，Shake Handsをするべき価値観とでは，おのずから「ツール」が異なってくることに気づかなくてはならない。そこを見落としてしまうために，わが国ホスピタリティ産業による海外への展開は，お寒い状況となってしまっているのである。

その意味では，おもてなしも，心遣いも，いずれも関係性マネジメントのためのツールということになる。

しかし実際には，ホスピタリティに関する本や講演において，この「心」によるアプローチが大変多いのも事実である。こうした心や気持ちこそがホスピタリティの根幹であるとの主張は，「竹やり訓練」によって戦争に勝てると考えていた（わけではないのかもしれないが）第二次世界大戦時のわが国となんら変わっていない。

もちろん，例えば企業トップが，自身の責任範囲において，こうしたホスピタリティの伝授を行うことは，むしろ称賛されるべきことであるかもしれない。なぜなら，それが成功している組織においては，その人の特殊技能ともいうべき「関係性マネジメント力の伝授」がスムーズになされているからである。しかしこれを一般化して論じてみても，なんら意味をなさないのも事実である。

心を軸としてホスピタリティを語ることは，限りなく宗教に近いアプローチであるといえる。それも，心を全面に出し安い賃金で働かせていたりする現状を見ると，中途半端な教義で信者をあざむく，一部の新興宗教のスタイルと酷似しているようにさえ思える。

筆者は，情緒的ホスピタリティ観の大家ともいうべき人と会った時に，その人の尊大さに驚いた覚えがある。これも，「宗教の教祖様」という視点でとらえれば致し方ないことなのだろう。そういう人たちは，「自分がホスピタリティを受けること」は好きだが，既にその点でホスピタリティの「相互性」を捨象してしまっていることに気づいて欲しいものである。

2．ホスピタリティの語源

　近年，しばしば耳にする「ホスピタリティ」という言葉だが，いまだに「おもてなし」以外の訳語が見当たらない中，多くの研究者が語源について研究を積み重ねたおかげで，語源や歴史についてはかなり解明が進んでいる。

　多くの論者が一致している点は，ホスピタリティはそもそも，「共同体外からの未知の訪問者（stranger）を歓待し，宿泊・食事・衣類を無償で提供」する「異人歓待」という風習に遡るということである[1]。つまり，かなり古い時代から存在する概念と関係があると考えることができよう。

　実際，ホスピタリティに関係するさまざまな言葉はいずれも，数千年前に用いられていたと考えられている印欧祖語（PIE：Proto-Indo-European）の*ghos-tiにたどりつく[2]。この言葉は現代英語にすると，stranger, guest, hostといった意味を内包しており，いくつかのゲルマン語系統の言語体系を経て，現代英語のguestとなっている。

　また，*ghos-tiは，ラテン語のhostisを経て英語のhostileにもなっている。正反対の意味を持つ言葉のルーツが同じ*ghos-tiであるということは大変に興味深い。

　そして，*ghos-tiが同じ印欧祖語の*potiとつながって，*ghos-pot-あるいは*ghos-po(d)-となり，これはラテン語の「客をもてなす主人」という意味を持つhospesを経て，同じラテン語のhospitālisへとつながっていった。これは，交通機関や宿泊施設が整備されていない時代に，危険と隣り合わせで巡礼する異邦人を歓待することであるとされている。このhospitālisが，やがて現代英語のhospitalityになっていく。hospesから派生した言葉には，hospiceやhospitalなどもあり，ホスピタリティとの関連がよく分かる。

　一方で，ギリシア語でも同様の展開を経て，*ghos-tiはxenosとなり，さらに「外国（人）好み」という意味であるxenophileや，「外国（人）嫌い」という意味であるxenophobiaという言葉にも派生していった[3]。

図表1-1 ホスピタリティに関連する諸語の変遷図

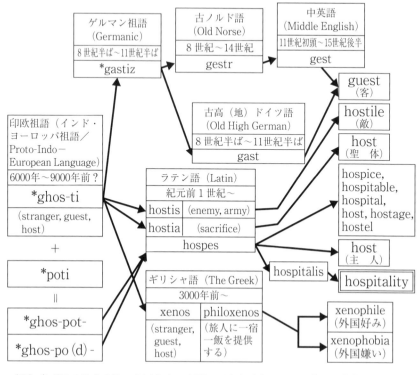

（注）各項目の最右を除いた四角内の表記の下または右のカッコ内は現代英語。最右は現代英語で，カッコ内が日本語。
出所：O'Gorman (2007) をもとに著者作成。

いずれにせよ，ホスピタリティは，hostという意味やguestという意味，あるいはenemyといった意味と関連があるという点は興味深い。これらの関係をまとめたものが図表1-1である。

しかし，ここで一つ疑問が浮かぶ。いくら宗教的目的の巡礼者であるとはいっても，なぜ見知らぬ人を泊めることになったのであろうか。人間同士だから，助け合いが重要である，心が大事である，親切にすることが肝要である…さまざまな理由が考えられる。だが，危険だとは考えなかったのだろうか。あるい

は，泊めてあげたりした結果，実際にひどい目に遭ってしまった人はいなかったのであろうか。

　当時は地域によっては治安も保たれていないような状況の時代であると考えられる。場所によっては無法地帯のようなところもあっただろう。一方，現代の先進諸国では，それなりに治安が保たれているために，当時よりも危険性は少ないと考えられるが，それでも知らない人がいきなりやってきて，「泊めてくれ」と頼まれたとしても，そんなに簡単に泊めてあげたりするだろうか。

　実際にはこのような例はごくまれであるといわざるをえない。少なくとも今の日本において，知らない人から急に泊まりたいと言われても，気味悪がって避けるのが基本となるだろう。

　それでも，「ホスピタリティの実現には心が大事」だから泊めなければならないとは誰も言わないだろう。一般に，ホテルでは，予約なしに急に泊まりに来た人を，デポジットなしで，あるいはクレジットカードのプリントなしで泊めることはありえない。ましてや，一般の家庭にいきなり泊まらせてもらうことは，常識はずれの行動である。もしも「心が大事」だからと泊めてあげたとして，無事にすむ確率の方がはるかに低いのではないだろうか。こうした事実こそが，ホスピタリティ：心と声高に叫ぶことの危険性を如実に物語っているといえよう。

　だが，一方でこのような風習が存在したことは確かなようである。今よりもはるかに危険性が高いと考えられる時代背景のもとで，なぜ異人歓待が行われていたのか，この解のヒントは古典の記述にある[4]。

　聖書や，古代ギリシアの神話，古代ローマの叙事詩などの記述を読むと，聖書では，ホスピタリティな義務を果たすことが最重要であるとされており，神話においてはホスピタリティの表現によって神の怒りが鎮まったことが強調されている。

　つまり，聖書の時代においては，ホスピタリティは宗教的な義務としての存在，いわば価値尺度や価値基準に近い要素であったと考えられる。

　こうした前提を踏まえると，やはり人間が「自然に心から行ったもの」こそ

がホスピタリティ，ではない方向性でのアプローチが垣間みられる。自発的に行ったことが皆無であるというつもりは毛頭ないが，旅人をもてなしたり泊めてあげたりするというホスピタリティの背景には，神を畏れる心があったり，共同体意識の中での無意識的規範が存在したりしたことが大きな要因といえる。つまり，神がいるから（場合によっては仕方なく）心をこめるということであり，「村八分」が嫌だからもてなす，ということにもつながっていく。

「心をこめたおもてなしが重要」と指針のみ示しても，なかなかそれが広まらないのは，やはりこうした規範に基づいたアプローチや，社会的尺度のような「見えざる強制力」のような方向性での知見が足りないからであるともいえよう。

そこで，以下では，サービス概念の定義を踏まえて，ホスピタリティ概念について考察する。

3．サービス概念とホスピタリティ概念

（1）サービス概念

そもそもサービスとはいったいどのようなものなのだろうか。さまざまな論者が議論してきたが，本書においては，

> ■あるプロセスを経た結果を取引する際，われわれはそれを「モノ」としての製品ととらえ，あるプロセスそのものを取引する際，われわれはそれを「サービス」ととらえる

として把握したい。これは，田中・野村（1996）の定義をもとにして，やや簡略化して理解しやすくした考え方である。このようにしてサービス概念を把握すると，例えば八百屋で

> 「お客さん，いつもありがとうございます。この大根，今日はサービスしておきますよ」

と言われた場合，ここで使われている「サービス」とは必ずしもサービス概念として用いられているのではなく，応用的な用法であるということが理解できるだろう。

他にも，亀岡（2007）では，「人や組織がその目的を達成するために必要な活動を支援すること」，「必要な活動や機能を支援すること」（いずれもpp.25-26）というように，他の何らかの目的のための活動や機能の支援といった限定的な考え方もある。こうしたアプローチは，あくまでメーカーの販売活動の「支援」として行われるものがサービスであるという考え方である[5]。

しかしながら，支援のみがサービスであるというわけではないため，こうした考え方は本書では採用しない。

さらに，サービスはラテン語のservosが語源となっているといわれている（蟹江（2003），p.29など多数）。これは，「奴隷」や「戦利品として獲得した外国人」といった意味がある。そこからラテン語における奴隷を示す形容詞やその行動を示す動詞的な意味を持つserbvitiumを経て，現在のserviceになったという。また，同じラテン語の「仕える」といった意味を持つservireを経てserveやservantとなったという説もある。

このような語源にまつわる話題があるためか，最近では「サービスは奴隷的な奉仕である」という主張を目にすることがある。そして，この事実が，「だからこそ，これからはホスピタリティなのだ」と主張される根拠ともなったりする。

しかしながら，20世紀以降，サービスを提供する側の労働者はサービスを享受する側でもあり，人種差別的・身分差別的な労働力の供給という前提が成り立たなくなっている。特に国民の過半数がサービスに従事しているという環境にある国々ではこの状態が当然のこととなっている。

過度に語源を重視しすぎてこうした主張をしてしまうと，今度は過度に顧客との関係で平等を目指す風潮が生じてしまい，顧客との関係がぎくしゃくしてしまうといった弊害が生じることがある。もちろん情緒的には主客が平等であることは素晴らしいことかもしれないが，現実にはなかなかそうもいかないと

ころであろう。

そのため，本書では，「プロセスそのものの取引」をサービスとしてとらえておく。

（2）ホスピタリティ概念

日本では一般的には「おもてなし」という表現を用いられて理解されている「ホスピタリティ」であるが，本来的な意味はやや異なることに注意が必要である。それはなぜかというと，日本人がお客様のために精一杯「おもてなし」をしても，それが必ずしも「素晴らしいホスピタリティ」とイコールではないからである。

例えば，ホスピタリティという言葉に関連する表現にはどういったものかを考えてみると分かりやすい。「ホスピタリティ精神」や「ホスピタリティ・マインド」といった心理的，精神的な要素もあれば，「ホスピタリティ産業」のようなビジネスで提供されている要素に関する要素もある。この辺りはさまざまな論者が議論を重ねてきているが，多くの論者に共通しているのが

■相互性
■互酬性

といった要素である。

そもそもホスピタリティとは，前述したとおり，旅人に一宿一飯の恩義を与えたことがそのはじまりであるという。ただし，ここで「恩義を与えた」と表現したが，必ずしも一方向的なものではなく，この行為によって旅人を通じて自身も巡礼をするのと同等の効果があったり，あるいは見知らぬ地の情報を得ることができたり，さらには珍しい異国の品々を手に入れられることもあったりしたようである。このような関係が生じていたことから，恩義を与える側であるhostと，恩義を受ける側であるguestとの，両方の意味を内包するhospitalityという言葉が生まれてきたという。

こうした前提から相互性や互酬性といった意味が共通項として浮き彫りにさ

れてきたと考えられるが，この点で見落とされてきた部分がある。それは，このhospitalityを日本語の「ホスピタリティ」としたとき，「おもてなし」の意味を付与してしまったために，行為的な側面が強く打ち出されてしまったということである。そのことがわが国におけるサービス提供プロセス上の「暗黙知が共有されることによる喜び」とあいまって，「無言のうちに」とか，「相手のためを慮って」といった形で提供されるサービスを称賛する言葉として，盛んに用いられるようになってしまった。最近では「おもてなしの心」がホスピタリティであるというような解釈もあることからうかがえるとおり，ホスピタリティは行為ではない。

　ホスピタリティとは，むしろこうした2者間以上の関係における，関係性のマネジメントのことなのである。ただし，関係性のマネジメントという観点を含む考え方には，他にもマーケティング論などもあるため，その相違点について明確にしておく必要がある。

　マーケティング論においては，4Pを「統制可能要因」と称することからもうかがえる通り，

　　■確実な関係性のマネジメント

を志向するのに対して，ホスピタリティからの関係性に対するアプローチは，むしろ

　　■不確実性というキーワード

が重要になる。不確実性の高い関係においてこそ，2者間にはホスピタリティが存在するという前提が，すべてのコアとなっているのである。

　例えば，回転寿司でお客様は，目の前を流れている好きなネタが乗った寿司を，その下の皿の色や模様を踏まえつつ（皿の色や模様が値段を示していることがあるため），自分の懐具合と相談しながら選択することになる。しかし，銀座や六本木などにある「メニューのない寿司屋」においては，板前さんに「お任せ」で頼むことも多いだろう。「お任せ」でなくても，頼んだネタの金額をいちい

ち確認することもあまりしない。

　この両者を比較すると，前者においては店側とお客様側とのやり取りに社会的不確実性はかなり削減されているが，後者は社会的不確実性がきわめて高いといわざるをえない[6]。ところが，恐らく後者のお店の方が，ホスピタリティを感じることは多いのではないだろうか。また，前者のお店でも板前さんとの「メニューにない」やり取りから，ホスピタリティを感じたりすることになるだろう。

　つまり，こうしたさまざまな不確実性が存在する状況において，いかに関係性をマネジメントするかがホスピタリティ・マネジメントということになる。

（3）サービスとホスピタリティ

　サービスがプロセスの代行であり，ホスピタリティが関係性のマネジメントであるということになると，これまでのサービスとホスピタリティに関する「わが国の常識」が覆ることになる。

　つまり，これまでの多くの論者は，ホスピタリティをサービスよりも上位的にとらえているアプローチを採用し[7]，サービスとホスピタリティそれぞれに対して

> サービス　　　：関係的側面 ⇒ 主人と奴隷という「関係」
> ホスピタリティ：行為的側面 ⇒ 「おもてなし」という行為

という視点で眺めていた。つまり，serviceの語源については，その前提となっていた当事者間の奴隷的上下・主従関係のみが強調され，「プロセスの代行」，「財の機能が果たしうるプロセス」，といった要素があまり意識されない状況となっていた。

　もちろん，サービスにおいては一時的であるにせよ，擬似的に上下関係や主従関係が築かれることは事実であるため，そうした意味がまったく含まれていないと主張するつもりは毛頭ない。だが，プライオリティの高さからいえば，

あくまで（奴隷たちが果たしていた）プロセスの代行こそが，サービスの根幹をなす意味となる。

また，hospitalityの語源についても，現在のhotelやhospitalとの関係を踏まえると，休息あるいは治癒や回復に際しての「主体間の関係性」といった要素が強く影響している。多くの日本人がホスピタリティに持つイメージである「おもてなし」も，実は主体間の関係性マネジメントにおける，あくまで「一ツール」として位置づけられ，むしろ関係性のマネジメントこそが主たる要素であると考えられる。

すなわちサービスこそが「行為的側面」（または社会において，時代によっては奴隷が果たしてきた「機能的側面」）を，ホスピタリティこそが「関係的側面」を示しているのである。結果として，これまでの解釈とは逆になる。

○サービス　　　：行為的・機能的側面 ⇒ プロセスの代行
　　　　　　　　　（×関係的側面 ⇒ 主人と奴隷という「関係」）

○ホスピタリティ：関係的側面 ⇒ 関係性のマネジメント
　　　　　　　　　（×行為的側面 ⇒ 「おもてなし」という行為）

こうしたことを踏まえて，現在の「サービス」という言葉が意味するところは，一時的な上下・主従関係が構成されることに依拠した奴隷に類する意味を持つものではないことを再度強調しておきたい。そして，あくまでかつての奴隷が果たしていた社会的な役割，すなわち，社会におけるプロセスの代行という機能や，その代行という行為そのものこそサービスであると位置づけることができよう。すなわち，プロセスを代行する場合の機能的側面や行為的側面が，サービスという言葉に付随した現代における大きな意味となるのではないだろうか。あるいは，プロセスにおける関係的側面が，ホスピタリティに対する大きな意味ともなっているのではないだろうか。

4．ホスピタリティ産業論

　一方，米国でHospitality Managementというと，こうしたホスピタリティの根源に目を向けるのではなく，ホスピタリティ産業という枠を規定したうえで，その経営上の諸問題のあぶり出しや対応について考察することが中心となる。これはわが国では「ホスピタリティ産業論」として体系化されつつある。特に米国への留学経験など，米国での生活経験のある研究者には，このスタンスをとるものが多い。

　ホスピタリティ産業論においては，まず

　　■ホスピタリティ産業とはなにか

について整理することからはじまる。

　近藤（1995）では，「欧米では，ホスピタリティ・インダストリーとは，『飲む，食う，泊まる』を提供する飲食業とホテル業を意味し，ホスピタリティ・マネジメントとはそれらの産業の経営を意味するものとして定着している」（p.175）として，料飲サービス産業と宿泊産業に限定している。

　福永・鈴木（1996）は，「観光産業（旅行と旅行関連産業），宿泊産業，飲食産業，余暇産業，その他5つの特徴（高い＜選択性，代替性＞，低い＜必需性，緊急性＞，感じの良し悪しが決め手）を有する産業）」（pp.3-5）であると述べている。また並列して米国での定義として，「観光産業（Tourism Industry：旅行，宿泊，飲食，余暇関連），健康産業（病院，フィットネスクラブ他），教育産業」（pp.3-5）であるとしている。

　ホスピタリティ産業の定義について興味深いのは山上（2005）で，その定義に幅を持たせ，

　　「最狭義」：飲食，宿泊業
　　「狭　義」：観光（旅行・交通・宿泊・料飲・余暇）産業，関連事業

「広　義」：観光，教育，健康産業・関連事業
「最広義」： 人的対応・取引するすべての産業とホスピタリティを媒介する産業

といったように4つに分けている (p.58)。

また，立教大学観光研究所 (2008) においては，「ホテル，レストラン，インスティテューション（企業内給食，病院，学校の寮など），フードサービス，クラブ」(p.3) であるとしている。

本場の米国ではどうだろうか。代表的なものを一つだけ挙げるとすれば，Powers & Barrows (2006) が「ホスピタリティとは，ホテルとレストランだけでなく，家から離れた場所において，身を守る場や食物，あるいはその双方を提供する組織である。（中略）プライベート・クラブ，カジノ，リゾート，その他の観光施設なども含まれよう」(p.4, 著者訳) と主張している。なお，彼らが同書において章として説明しているのは，料飲サービス，宿泊産業，旅行・観光産業，そしてその他のホスピタリティ産業についてである。

このように眺めてくると，ホスピタリティ産業の枠組みについては論者によって多少の相違があることがうかがえる。一方で，宿泊産業と料飲産業はほぼ必ず含まれ，旅行産業や観光産業，余暇関連産業，クラブ，カジノ，こうしたものを包含したリゾートなども含まれうることがうかがえる。

以上は産業として眺めた場合の分類であるが，ここで提供しているサービスの種類によって分類した場合には，宿泊，料飲を軸として，時間を過ごすためのサービス全般に関する理論体系が，ホスピタリティ産業論であるといえよう。

以下，本書では，このスタンスでホスピタリティ産業をとらえて論を進めていく。

【注】
1 ）カギ括弧内の表記を中心として，服部（2004），p.31による。
2 ）徳江（2011），pp.11-12。
　　また，言葉の前に＊のついた語は，語源を直接たどることができないため，推定に基づいて構成された語形であることを示している。
3 ）以上，徳江（2011），pp.11-12。
4 ）詳しくは，徳江（2012），pp.20-30を参照。
5 ）この背景としては，「ものづくりニッポン」の「製造業至上主義的な前提」から生じてきていると考えられる。
6 ）「社会的不確実性」とは，相手が自分を裏切るかどうか，判別しがたい可能性が高いこと。詳しくは，山岸（1998），p.14を参照。
7 ）これが高じると「ホスピタリティ原理主義」（徳江（2012）より）となる。

参考文献

Lashley, C., P. Lynch & A. Morrison (eds.)(2007), *Hospitality: a Social Lens*, Elsevier.
O'Gorman. K. D.(2007), "Dimensions of Hospitality: Exploring Ancient and Classical Origins", Lashley et al (2007), pp.17-32.
Powers, T., & C. W. Barrows (2006), *Introduction to management in the hospitality industry*, 8th. ed., John Wiley & Sons, Inc., - Wiley service management series.
亀岡秋男監修，北陸先端科学技術大学院大学MOTコース編集委員会／サービスサイエンス・イノベーションLLP編集（2007）『サービスサイエンス』エヌ・ティー・エス．
近藤隆雄（1995）『サービス・マネジメント入門』生産性出版．
田中滋監修，野村清（1996）『サービス産業の発想と戦略 ーモノからサービス経済へー（改訂版）』電通．
徳江順一郎編著（2011）『サービス＆ホスピタリティ・マネジメント』産業能率大学出版部．
徳江順一郎（2012）『ホスピタリティ・マネジメント』同文舘出版．
福永昭・鈴木豊編（1996）『ホスピタリティ産業論』中央経済社．
服部勝人（2004）『ホスピタリティ学原論』内外出版．
塹江隆（2003）『ホスピタリティと観光産業』文理閣．
山岸俊男（1998）『信頼の構造』東京大学出版会．
山上徹（2005）『ホスピタリティ・マネジメント論』白桃書房．
立教大学観光研究所編（2008）『ホスピタリティ・マネジメント』立教大学観光研究所．

第2章

ホスピタリティ産業における
ハードの重要性

1．サービスの特性と対応

　これまでになされてきた研究においては，一般に，モノと比較した場合のサービスの特性として，無形性，同時性，不可分性，協働の必要性，変動性といった要素が挙げられることが多い[1]。

　しかし，こうした性質は同列に論じられるものなのだろうか。いずれもサービスの持つ特性であることには間違いはないが，異なる視点での整理が必要であるように感じられる。

　本書では，サービスがプロセスであるということから直接的に生じる特性をサービスの1次特性とし，その1次特性から派生的に生じる特性を2次特性とする。さらに，その2次特性から派生的に生じる特性を3次特性として考察したい。以下，順に説明してゆく。

［1－1］　無形性：形をなさない
　→　サービスとはプロセスであるから，形をなしえない。形があるもの（モノ・物財）を利用してサービスを行うが，プロセスそのものは無形である。
　　　無形であるため，事前にそのサービスの持つ特徴については，消費者に分からないことも多い。

　この特性に対応するために，可視的な要素を提示したり，既に利用したことのある他の消費者の意見，すなわち口コミを利用したりする必要が生じてくる。

[1－2] 不可分性：生産と消費が切り離せない
  → プロセスである以上は，サービスの提供に際して，生産と消費とは切り離すことができない。
    ただし，一部のケース，例えば，顧客の所有物がサービスの対象となる場合（クリーニングなど）には，この制限は緩和されることがある。

この［1－2］の特性は，以下の2次以下の特性に繋がってゆく。

［2－1］同時性・同所性：生産されつつ消費される
  → これは，上記［1－2］の一部を構成する，あるいは，上記［1－2］の具体的な側面であるともいえる。
    すなわち，サービスは生産と消費とが同時に行われることになる。モノは工場で生産されたあとで，時間を経た別の機会に消費することも可能であるが，サービスでは生産すると同時に顧客に消費してもらわなければならない。そして，その生産と消費とは同じ場所でなされる必要がある。

ただし，通信技術の進歩と普及やIT技術の急速な進歩によって，一部のサービスに限っては，電波やインターネットを用いて空間的にも切り離せるようになり，録画や録音によって時間的に切り離すことも可能となってきている。例えば，テレビ放送は空間的に離れた地点での娯楽サービスの提供を可能とし，それを利用した教育サービスも発達した。

しかし，これが不可分性や同時性・同所性を克服したとみるのは錯覚で，時間的に切り離した場合には，「録画や録音をした結果」としての「モノの取引」，すなわちプロセスの結果を取引していることになるため，サービスではなくなる。そして，それを視聴する端末であるテレビやPCの前からは離れられないという点で，空間的にも著しく自由度が低下してしまうことを忘れてはならない。

［２－２］協働の必要性：主客の協働
→　サービスをする主体（生産者）と受ける客体（消費者・消費者の所有物など）との協働関係が必要となる。

例えば、「学生が静かにしていないと講義を『消費』してもらえない」などというのはまさにこの例である。

なお、ここで［１－１］、［１－２］とそこから派生する［２－１］や［２－２］については、これまでサービス・マネジメントやサービス・マーケティングにおいて、多くの研究がなされてきたことはつけ加えておきたい[2]。

そして、この２つの２次特性から、さらに派生的に生じてくる３次特性は以下の要素である。

［３－１］変動性：品質・性質が変動しやすい

以上をまとめたものが図表２－１である。

［３－１］についても１次特性や２次特性と同様に、品質を安定化させるための方策について、多くの研究がなされてきた。すなわち、「マニュアルによる品質の安定化」である。その概略を以下に示す。

これまでのサービス産業においては、品質・性質の安定化を図るべく、従業員の言動に関して事細かに記載したマニュアルを用意し、このマニュアルを軸

図表２－１　サービスの特性

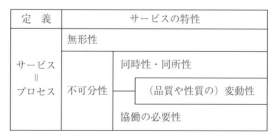

出所：著者作成。

としてサービス組織・施設の運営を行う「マニュアル化」が推し進められてきた。マニュアル化の出現によって，サービスは「大量生産」することが可能となり，産業化することが可能となったのである。

このマニュアル化を厳密に解釈すれば，

> ■サービスが提供されるプロセスを時間軸や行動単位で細かく切って，プロセスごとに規定すること[3]

と考えられる。すなわち，マニュアル化とは「サービスのパッケージ化」，「プロセスのパッケージ化」であるととらえることが可能となる。

こうしたパッケージ化を行うことによって，さまざまな欲求を持つ多くの消費者に対して安定的に同様のサービス提供が可能になった。消費者もサービス提供プロセスの一部を担うため，消費者側の事情によってサービスの品質や性質の変動が生じてしまう可能性が残されたとはいえ，サービス・パッケージを固定化することによって，その変動の可能な限りの除去を図ることが可能となったのである。

また，忘れてはならないのは，パッケージ化にはこうした顧客側の視点のみならず，組織側の視点からでも大きなメリットがあったことである。すなわち，パッケージ化によって多様性を持つ大勢の従業員が，やはり同様のサービス提供が可能になったということも見逃せない。わが国ではあまり普段意識することがないが，国や地域によっては，さまざまな価値観を持った多様な文化的・宗教的背景を持つ人々によって構成されていることがある。かかる環境下においては，サービス・スタッフによって対応が大きく異なる可能性があり，安定的なサービス提供が難しくなることがあるが，パッケージ化によって言動を規定して固定化されたサービスの提供に特化することで，従業員側のサービスのムラを排除することが可能となったのである。

しかしながら，単一のサービス提供のみでは消費者からは飽きられてしまう可能性も否めない。この場合には，価格の高低や時間の長短に応じいくつかのパッケージを用意することで顧客に選択肢を提供することも可能である。こ

図表 2 − 2　サービスのパッケージ化と多メニュー化

出所：徳江（2011），p.42を一部改変。

れは多メニュー化による対応ととらえられる。

　この考え方を図示すると図表 2 − 2 のようになる。

　まとめると，サービスにおける品質や性質の変動への対応としては，

> ○サービス提供のプロセスをパッケージ化し
> ○さらにプロセス・パッケージを増やすことで
> ○多様性を持つ大勢の従業員によって
> ○さまざまなお客様の欲求に合わせて
> ○安定的かつ多様なサービスの提供が可能となった

ということである。

2．2つの品質

　こうしてサービスの持つ最大のウィーク・ポイントである品質や性質の変動性に対する対策が講じられるに至ったわけであるが，これで問題がすべて解決したわけではない。これだけの対応が取られても，消費者側にはまだ不満が感じられる余地が残ってしまっている。

　なぜ消費者に不満の余地が残るか。それは，品質や性質は，実は 2 種類存在するということがポイントである[4]。ここで安定化に成功したのは，あくまで

「客観的品質／性質」といわれるもののみだったということに着目しなければならない。客観的品質／性質とはすなわち，スペックやデータなどで「定量的」に測りうる品質や性質，あるいは皆が納得するような何らかの尺度で比較した際の品質や性質のことを指している。

　例えば，パソコンの性能は，CPUの処理速度，あるいはメモリーやハードディスクの容量の大きさによってある程度は類推しうる。そしてその結果として，比較して順序づけることも可能である。しかし，サービスではなかなかこのような直接的な比較は困難である。だが，それでも価格をバロメータ的に用いたり，レストラン評価本や口コミサイトなどのような第三者による評価を用いたりすることによって，皆がそれなりに納得する尺度によって品質を測ることは不可能ではない。

　前述したような，「品質や性質の安定化が図れた」サービスのパッケージ化によって安定化に成功したのは，あくまでこの客観的品質や性質だけなのであって，消費者自身のさまざまな状況の変化によって，サービスの品質や性質に対する判断が変わりうるという点には注意が必要である。この消費者自身の感じた品質を，マーケティングでは知覚品質と呼ぶが，これは消費者の「主観的品質」であると考えることができる。つまり，スペックやデータなどに関係なく，あるいは他人の評価とは関係なく，実際に消費者が「感じた」品質のことである。

　モノとしての製品であれば，客観的な品質や性質の安定化は比較的たやすい。例えば，スペックや定量的情報で仕様を規定したり，工場から製品が出荷される際に検査を実施することで，一定の品質や性質を満たしていないものについては除外したりすることも可能である。そしてそれをブランド化して保証したりするといった方策を講じることによって，主観的品質や性質も，ある程度安定化させることが可能となる。

　しかしながらサービスでは主観的品質や性質の安定化は困難を伴う。サービスにおける主観的品質や性質の不安定さは，

① サービス提供者の身なりやサービス提供場所の設備，あるいはその日の気候など，「周辺環境」によって顧客側の印象が変化する
② サービス提供側と顧客側の「協働作業の円滑さ」の度合いによって，サービス提供プロセスの構築力が変化する
③ サービス提供側と顧客側の「関係」によってサービスそのものが変化，すなわち両者の「関係の善し悪し」が，サービスの評価に大きく影響する

といった要因によって引き起こされる[5]。さらには，混雑時と閑散時の違いによる対応力の相違や，厳密には同じプロセスの再現は困難であるといった理由によって，顧客側の印象はどうしても異なってこざるをえない。

いくら客観的品質を安定化させたとしても，消費者の主観的品質が不安定なままであれば，品質や性質が安定化したことにはならない。この点について解決ができなければ，サービスの持つ特性に対応したとはいえないのである（図表2－3）。

図表2－3　客観的品質と主観的品質

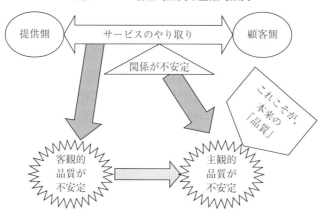

出所：著者作成。

結果的には，この主観的品質にアプローチできなければ，たとえ客観的品質や性質が安定化しようとも，何ら意味をなさなくなってしまうことに注意が必要である。モノとは異なり，いかにサービス提供場所の雰囲気を良くしたとしても，顧客側も協働作業がきちんとできるかといった問題点も残るし，さらにサービスの提供時にはサービス・スタッフとの接点が生じるために，そのスタッフとの関係にこそ注意する必要も出てくることになる。その上，主観的品質こそが本来的な品質なのであって，「客観的品質や性質の安定化」こそが真の目的ではない点にも注意が必要である。

3．サービス・デリバリー・システムの検討

　このような顧客とサービス・スタッフとの接点に関して検討するために，サービスを分析する際の古典ともいえる，「サービス・デリバリー・システム」のフレームワークに則って考察しよう。

　飯嶋（2001）によれば，サービス産業における経営上の諸問題に対しては，「サービス・マネジメント」のアプローチによって考察することが可能であるという。また，このサービス・マネジメントは，経営理念や組織文化，組織構造などの経営と組織に関する要素である「マネジメント上のインフラストラクチャー」と，サービスそのものの生産や提供に関する「サービス・デリバリー・システム」とに分けることができる（図表2－4）。

　そして，サービスの生産や提供，そして消費に関するシステム全体を「サービス・デリバリー・システム」と呼び，組織側と顧客側との双方から眺めることができるとされている（以上，飯嶋（2001），p.9より）。

　このことは，組織側からみれば，顧客はもちろん消費者としての側面もあるわけだが，一方で，他の顧客にとっては，いわば「物理的環境」としての存在感も否定できなくなる。ある顧客の存在によって，その組織のサービス品質が推定されてしまうことがあるのは，この一例であるといえる。芸能人がよく来る店といった特集が雑誌などでしばしば組まれるのも，こうした顧客の特性を

図表2-4　サービス・マネジメント体系

```
                    サービス・マネジメント
                    ┌──────────┴──────────┐
            サービス・デリバリー・        マネジメント上の
                システム                インフラストラクチャー
            ① フロント・オフィス：      ① 経営理念，組織文化，価
               従業員と物理的環境           値観，尺度
            ② バック・オフィス          ② 組織構造
            ③ 消費者としての顧客と共    ③ 経営者，管理者の役割，
               同生産者としての顧客        リーダーシップ・スタイル
            ④ サービス・デリバリー・       など
               システム全体
```

出所：飯嶋（2001），p.14をもとに一部改変。

利用したものであると理解できよう。

　他にも，顧客側からみれば，というよりも，顧客側からは視界に入らない要素も多数存在している。このサービス・デリバリー・システムを，顧客側から俯瞰すると，

(a) 顧客の常時視界に入る部分である「フロント・オフィス」
(b) 顧客の視界に入ることがないかまたは少なく，顧客と直接的な接触を持たない「バック・オフィス」
(c) 消費者としての顧客と，サービスの共同生産者としての顧客
(d) システム全体

という構成になる。

　このうち，組織側に関してはある程度は企業側がコントロールできる。しかし一方で，コントロールされることになるフロント・オフィスの従業員の負担はかなり大きい。なぜならば，彼らは顧客と直接接触しつつ，相互行為に基づいて実際にサービスを生産しつつ提供しなければならないからである。つまり，

フロント・オフィスの従業員は，

> ○マーケティング活動を行いつつ
> ○サービスの生産活動も行っている

ととらえられる。

　製造業であれば，マーケティング活動は専門の部署が受け持ち，生産活動は工場で行うといったことができるが，サービスは不可分性によってそれが不可能であるため，こうしたことに繋がってしまう。

　さらに，顧客側もかなりの割合で，サービス・デリバリー・システムには介入せざるをえないとされている。モノの生産や販売のプロセスにおいては，消費者が何らかの役割を果たす必要性が生じることはほとんどない。工場における製品の生産に対して消費者が必要とされるなどということはないし，販売に関しても，消費者が果たすべき役割は受動的なものであり，かつ限定的なものである。

　これに対して，サービス・デリバリーにおける顧客は，何らかの主体的かつ能動的な役割を果たすことが求められることになる。ここで，サービス・デリバリーに関して顧客が果たすべき役割をまとめると，以下の通りである[6]。

> ① 顧客は，生産，提供されるサービスの仕様を決定する。
> ② 顧客は，例えば銀行のキャッシュ・ディスペンサーで行員に代わり入金，出金行為を行うなど，組織の生産，提供活動を肩代わりしている。
> ③ サービスの生産，提供と消費は，一体化している。そのため，組織は，顧客の眼前で生産，提供活動をしばしば行うことになる。これにより，組織は，ミスや手抜きができにくくなる。この結果，顧客は，それら活動に対して，監督者の機能を果たすことになる。

> ④ 顧客が感謝の気持ちを従業員に表明することにより，従業員のモラールを高め，やる気を起こさせる。これは，人事担当者や監督者などの仕事を顧客が代替していることを意味する。
> ⑤ 顧客は，自分が体験し，消費したサービスの善し悪しを，口コミによって，他者に伝達する。つまり，組織のマーケティング機能の一部を担っている。

　サービス提供にまつわる業務において，これだけ多くの役割を顧客が果たしているのである。このように並べてみると，モノとしての製品の製造，販売と比較して，サービスの生産や提供に際しては，従業員側，顧客側，ともに大きな負担が強いられざるをえない状況となってしまっていることがよく分かるだろう。

　こうしたことから，サービス・デリバリーにおいては組織側，従業員側，顧客側のそれぞれの間に，相克的相互依存関係ともいうべきものが生じることになる。お互いに単独では存在できず，かつ依存的な関係が築かれているにもかかわらず，それぞれの関係には対立的な要素も多々含まれざるをえないということである。

　こうした現実が生じるため，結果的に，主観的な品質の安定化はもちろん，客観的な品質の安定化も，やはり困難が生じざるをえないことが予想できよう。

　サービス提供にともなう諸々の要素については，以上のようなモノの生産とデリバリーとは異なる特徴が抽出され，また，問題点についての整理も可能となる。このサービス・デリバリー・システムを図に表現すると図表2－5のようになる。

　前章では，ホスピタリティのキーワードとして関係性における「不確実性」を挙げた。実は，ホスピタリティ産業において，顧客側からみた場合，不確実性が相当な度合いまで排除されているのが，ここでいう「物理的環境」なので

図表2－5　サービス・デリバリー・システム

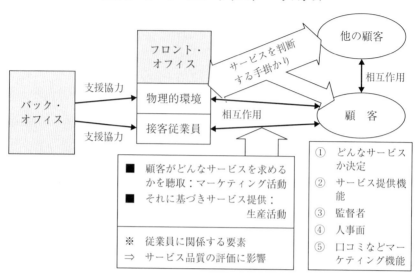

出所：徳江（2011）を一部改変。

ある。一度作った建物は，数十年の単位で使用することになる。内装にしても，そこまで長くはないとしても，10年前後使うことが多いだろう。もちろん，食器類などでも，割り箸のように使い捨てのものでなければ繰り返して使う。

　その意味では，ホスピタリティをデザインするということは，この「物理的環境」と顧客との相互作用をどのようにデザインすることができるか，そして，バック・オフィスからの支援・協力が，いかに円滑にできる施設や設備をはじめとするハードを構築するかにかかっているといえる。

【注】
1 ）近藤（1995）では，
　　①無形性，②生産と消費の同時性，③顧客との共同生産
　　の3つが「基本的特徴」であるとされている。
　　また，田中・野村（1996）においては，本質的特性として

①時間・空間の特定性，②非自存性
　を挙げたうえで，基本特性として
　　①非貯蔵性，②無形性，③一過性，④不可逆性，⑤認識の困難性
　を挙げている。
2）代表的なものに浅井（2000），飯嶋（2001），鄭（2011）などが挙げられる。
3）徳江（2011），p.42。
4）徳江（2011），p.41。
5）徳江（2010），p.35。
6）Norman（1991）をもとにして飯嶋（2001）がまとめたものを挙げた（p.12）。

参考文献

Norman, R.(1991), *Service Management*, John Wiley & Sons.
浅井慶三郎（2000）『サービスとマーケティング（増補版）』同文舘出版．
飯嶋好彦（2001）『サービス・マネジメント研究』文眞堂．
上原征彦（1999）『マーケティング戦略論』有斐閣．
亀岡秋男監修・北陸先端科学技術大学院大学MOTコース編集委員会／サービスサイエンス・イノベーションLLP編集（2007）『サービスサイエンス』エヌ・ティー・エス．
近藤隆雄（1995）『サービス・マネジメント入門』生産性出版．
田中滋監修・野村清（1996）『サービス産業の発想と戦略 ―モノからサービス経済へ― （改訂版）』電通．
鄭森豪（2011）『現代サービス・マネジメント』同文舘出版．
徳江順一郎（2010）「ホスピタリティ・マネジメントにおけるトライアド構造」『観光・余暇関係諸学会共同大会学術論文集』第2号，観光・余暇関係諸学会共同大会学術論文集編集委員会．
徳江順一郎編著（2011）『サービス＆ホスピタリティ・マネジメント』産業能率大学出版部．

第3章 建築とは？ インテリアとは？

1. 建築に対する解釈

熊倉他（2010）では，建築を「三次元の空間を創造する技術と美術」ととらえている（p.8）。この表現はきわめて抽象的であるため，いまいち理解しにくい面があるのではないだろうか。

そこで，建築の語源をたどってみることにする。

建築は英語でarchitectureという。明治時代に日本にarchitectureが紹介された当初は，「造家」という訳が用いられていたこともある。実際，現在の東京大学建築学科の前身は，工部大学校造家学科であった。それは，naval architectureという英語が「造船（学）」を意味していたため，これに引きずられたとされている。

このarchitectureの語源は，ラテン語のarchitecturaやギリシア語のarchitectonicである。これは，「大いなる」，「最初の」といった意味を持つラテン語のarchiやギリシア語のarhēと，「技術」や「職人」という意味を持つラテン語のtecturaやギリシア語のtectōnが複合されてできたものである。

類語としては，「建物」を意味するbuildingや，「建設」を意味するconstructがあるが，いずれとも微妙に異なっているのは理解できるだろう。

要は，建築とは，「美的な魅力を与えるべく設計すること」や「美的な魅力を与えるべく設計された建物」のことである[1]。単に用途を満たすというだけでなく，なんらかの美的な魅力が感じられる建物またはそれを設計することが，建築ということになる。

それでは,建築に対して美的な側面に魅力を感じる源泉とは,いったい何であろうか。

　われわれは,素晴らしい絵画や彫刻などに美的な魅力を感じる。視覚,聴覚,触覚,嗅覚,味覚といったわれわれの感覚器のうち,特に視覚に対して,きわめて好ましい刺激が与えられたときに,美的な魅力を感じることになる。素晴らしい音楽や料理に「美的な魅力を感じる」というのは,やや無理がある。

　それでは,絵画に感じる美的な魅力と,建築とではどのような相違があるだろう。

　建築には,窓の大きさ,窓と壁との関係,階と階との関係といった,二次元的感覚での壁面の扱い方に加えて,屋根,突出部と後退部のリズムのような三次元的感覚での外面の扱い方も影響を及ぼしている。絵画はあくまで二次元的感覚での美である。

　次に,彫刻のような立体との相違であるが,これは,部屋の連続の仕方,交差部の身廊の広さ,階段の配置といった空間との関係,すなわち内部の扱い方が関わってくることにある。彫刻は,あくまで見た目の美しさがすべてであり,それを用いて何かをするという目的性は保持していない。

　この点が,絵画や彫刻との大きな相違点となってくる。建物である以上,何がしかの目的がそこにあるわけで,その目的を満たしつつ,美的な魅力が感じられるものでなくては建築といえないということになる。

　建築の世界には,「プリツカー賞」という,「建築を通じて人類や環境に一貫した意義深い貢献をしてきた存命の建築家」を対象として授与される賞がある。この賞は,「建築界のノーベル賞」ともいわれ,王立英国建築家協会が授与する「RIBAゴールドメダル」やアメリカ建築家協会が授与する「AIAゴールドメダル」と並ぶ栄誉とされている。副賞として,10万ドルもの賞金と,ブロンズのメダルも授与される[2]。

　実はこの賞は,Hyatt Hotels & Resortsのオーナー,プリツカー一族が運営するハイアット財団 (The Hyatt Foundation) によって1979年に創設されたものである。Hyattというホテルチェーンは,建築や内装に対するこだわりに

写真3−1　Grand Hyatt Shanghaiが入っている金茂大厦

出所：以下，特記以外の写真は著者撮影。

よって，世界的なホテルチェーンになったという側面がある。先発のHiltonやSheratonといった各企業と比べると，後発のHyattが成長するためには，なんらかの特徴がなければ難しかった。

　Hyattは，1957年にロサンゼルスでプリツカー家が一軒のホテルを買収したことからスタートしている。1967年に開業したHyatt Regency Atlantaに，巨大な吹き抜けのアトリウムを設けたことが評判となったため，アトリウムはその後のHyattでもしばしば用いられ，象徴的な施設となった。

　写真3−1は，上海のGrand Hyattが入っている金茂大厦である。このビルの53階から87階がホテルとなっているが，56階から上層にかけて，30階分を貫くアトリウムを設けて話題となった（写真3−2）。

　一方，特定の建築様式を採用して，その土地の特性を示すことも多い。写真3−3は，迪慶チベット族自治州の香格里拉市にあるチベット族の家である。

第3章 建築とは？ インテリアとは？ ◎── 33

写真3-2　Grand Hyatt Shanghaiのアトリウム

写真3-3　チベット族の家

　そして，この近くにある超高級リゾートが，写真3-4のBanyan Tree Ringhaである。内部にも，伝統的な構造を取り入れつつ，現代的な設備を揃えて快適に過ごせるようになっている。
　このようにして，建築に意味を持たせて旅情をかき立てることも可能である。

写真3－4　Banyan Tree Ringha

写真3－5　Banyan Tree Ringhaのロビー

第3章 建築とは？ インテリアとは？ ◎―― 35

　長い年月，ある土地である民族が守ってきた生活様式には，いわゆる「用の美」が宿ることがある。こうした要素を取り入れることによって，特にホスピタリティ産業においては，その土地の特色を示すことが可能となり，お客様にとっても満足につながる。

　かつての建築素材は石と木材，そしてレンガが中心だったが，鉄やコンクリート，ガラスが出現してからは建築のスタイルも大きく変化した。素材や技術の進歩も，建築に大きく影響を及ぼすということは忘れてはならない。

　また，建築には象徴性もある。写真3－6は香港を代表するホテルであるThe Peninsula Hong Kongである。

　この建物を見ることで，人々はそれぞれ，さまざまな想いを巡らせることになる。ある人は，憧れて見上げた日々を思い出し，ある人は新婚旅行で泊まっ

写真3－6　The Peninsula Hong Kong

写真3-7　東京大学安田講堂

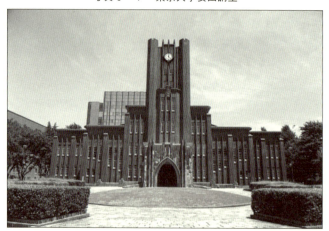

たことを思い出すかもしれない。

　建物は，多くの人にとって想いの象徴になる。これは，大学の建築などではより顕著であり，東京大学の「安田講堂」や，早稲田大学の「大隈講堂」は，まさにそれぞれの大学を象徴する存在となっている。

　著者の所属する東洋大学にも，2013（平成25）年に新しく建設された「125周年記念棟（8号館）」という建物がある。これも象徴性が高い建築であるから，そのうち東洋大学を象徴する存在となる日が来るのかもしれない。

　また，こうした外的な要素が内面にも影響を及ぼすのが建築の特徴でもある。

　写真3-9は，東京ステーションホテルの廊下である。300mにも及ぶ建物の幅を活かし，突き当りが見えないほど長い廊下が設けられている。

　このような長い廊下は，宿泊客にとっては不便な面もあるが，一方で，これほどまでに長い廊下を歩くのは，このホテルでしかできない貴重な経験ともなりうる。そういった側面は，ホスピタリティ産業においては強みにもなるということを忘れてはならない。

写真3-8　東洋大学8号館

写真3-9　ホテルの廊下

2．インテリア

(1) 概　要

「器」としての建築に対して，その内側で直接的に内部の人と相互作用が生じるのがインテリアである。用途に応じて，多様な素材や設備が組み合わされることになる。

大きくは，

- 床　材
- 壁　材
- 天井材
- 造作部品
- 建　具
- 設備機器
- 照　明
- 家具・什器
- ウィンドートリートメント
- 寝　具
- テーブルウェア／キッチン用品
- オーナメント

といった部材を組み合わせつつ，

- 塗　装

のような関連する要素も考慮に入れていく必要がある。

以下，主だった要素について説明を加えていく。

（2）床材，壁材と天井

　いずれも耐久性や機能性に注意して選択する必要がある。床材では耐摩耗性，耐水性，耐熱性といった耐久性がきわめて重視されるし，遮音性や断熱性は壁や天井を含め，いずれにも重要なポイントになってくる。

　床材には，木材や石材といった素材の他に，陶器類やプラスチックといった加工材料も使われる。さらに，洋室であればカーペットが，和室であれば畳が用いられることも多い。

　壁や天井は，大きくは湿式と乾式に分けられる。前者には左官，吹付け，タイル，石といったものが用いられ，後者には壁紙，クロスといったものが用いられる。なお，壁は，和室のように柱や梁のような構造体がそのまま活かされる構法を真壁といい，これらが隠される構法を大壁という。

　和室では，伝統的に真壁の構法により，床材としては畳敷き，壁にじゅらく壁や珪藻土などを用いた左官仕上げ，天井に網代などの木質系天井を採用することが多い。いずれかを異なるものにすると，ちぐはぐな印象になりかねないので注意が必要である。

（3）造作と建具

　本来の造作とは，現場で材木を加工したり部材を取り付けたりして仕上げられるものをいったが，最近は商品化・規格化が進んでいる。

　洋室では幅木，回り縁といった，仕上げの端部に設置されるものが多く，和室では欄間や幕板などが代表格である。和室の場合に忘れてはならないのが，玄関框や式台である。

　近年はユニット化が進み，下駄箱や各種収納，階段の手すりなどは，いずれも工場で生産されるようになってきている。

　一方，建具も工場生産が進んでいる。建具は，建物の外回りに用いられるものと，部屋と部屋との接点に使われるものとに分けられる。ドア，扉，障子，襖といった人の出入りがあるものや，窓が該当する。また，それぞれの建具につく金物やガラスなども，雰囲気を大きく左右することになる。

（4）設備機器

快適に過ごすための機器類のことである。住宅の場合にはキッチンが重要となるだろうが，ホスピタリティ産業においてはバス・トイレと洗面所がここに関係する。場合によっては，給湯設備，空調機器類，換気設備，情報機器類なども考慮に入れる必要が生じる。

水回りの進歩は目覚ましく，最近は洗面機器，トイレ，浴槽の設備も格段に進歩している。手を近づけるだけで水栓から水が出てきたり，トイレに洗浄器具が付いていたりするのはわが国ではほぼ当たり前となってきた。浴室も単にバスタブと洗面台，トイレが並んでいるというユニットバスタイプだけでなく，シャワーのためのシャワーブースがついていたり，多機能なシャワーが設置されることも多くなってきた。

こうした変化は，浴室やトイレを，単なる洗浄の場としてとらえるのではなく，1つの癒し空間としてとらえることによって実現しているといえるだろう。

（5）照　明

ホスピタリティ産業において，照明の果たす役割はきわめて大きい。一般の住宅では，なにより「明るくする」ことがもっとも求められるだろうが，ホスピタリティ産業では用途に応じてさまざまな照明が必要とされる。

照明に関する知識は幅広いが，いくつかの用語は最低限知っておく必要がある。

照度とは明るさのことであり，太陽光が約10万lx（ルクス），星が約0.0001lxとなっている。

色温度とは，金属を熱したときの色変化になぞらえて光源の色を表したもので，高いほど冷たく感じ，低いほど暖かく感じる。白熱ランプが約2,800k（ケルビン）であり，白色蛍光灯が約5,000kである。

また，照明は，光源となるランプと，ランプを含む照明器具とに分けられる。ランプはかつて，白熱ランプと蛍光灯が圧倒的であったが，近年はLEDが急速に増加してきている。照明器具には，床やテーブルなどに置くもの，天井に

直接つけたり天井からぶらさげるもの，壁につけるものなどさまざまなものがあり，また，それぞれ直接的に照らす方法と，間接的に照らす間接照明とに分けられる。家庭では，ランプの取り替えやすさなどもあり，天井から吊り下げる直接照明のタイプが多く見られるが，ホスピタリティ産業の場合には雰囲気を醸し出すためにも，ダウンライトや間接照明が多用される。

(6) 家具・什器

家具は大きく，椅子，テーブル，収納家具に分けることができる。さらに椅子は，チェアタイプのものとソファタイプのものに大別される。ゆったりとした時間を過ごすためには，ソファタイプの方が合っているが，ロッキングチェアやリクライニングチェアのようなものもあり，一概にはいえない。また，チェアもソファも，オットマンと呼ばれる背もたれのない椅子を組み合わせることで，さらにゆったりと過ごすこともできる。和室の場合には，座布団を乗せて使う座椅子も候補となるだろう。バンケットでは，フォールディングチェアという折りたたみ椅子や，スタッキングチェアという積み重ねられる椅子が多用される。

テーブルは椅子とのバランスが重要である。宿泊施設では，客室内で食事を摂る可能性の有無で，必要な大きさが変わってくる。かつてのほとんどの旅館では「部屋出し」といって，客室で食事を提供していたため，非常に大きなテーブルが用意されていた。しかし，ホテルでは客室内での食事は一般的ではないため，必ずしも大きなテーブルは必要ない。

(7) ウィンドートリートメント

窓は，そのままでは外から丸見えとなってしまうため，一般に目隠しをすることが多い。しかし，窓の面積は比較的広いので，単なる目隠しでは殺風景となってしまう。そのため，この目隠しに装飾の要素を持たせたものをウィンドートリートメント（窓装飾）という。これは，目隠し，遮光といった機能性や，その場所の目的に合った装飾性とを兼ね備えている必要があり，洋室では一般

にカーテンまたはブラインド，和室では襖や障子，あるいは簾などが用いられる。

カーテンにも，遮光性の高いドレープカーテンや，完全に遮光する遮光カーテン，編物で透過性の高いレースカーテン，透ける生地で作られたシアーカーテンなどの種類がある。こうしたさまざまなカーテンを適宜組み合わせ，トップやレールを隠すボックスなども併用しつつ，その場の雰囲気に合わせたスタイルを構築していく必要がある。

ブラインドは一般にオフィスなどで多用されてきたが，アジアのリゾートの雰囲気を醸し出せる木製のブラインドなども最近は多用される傾向にある。

ホテルでは一般に，遮光カーテンとレースまたはシアーカーテンの組み合わせが多いが，東京ヒルトンホテルが開業した際に，日本情緒を醸し出すため，遮光カーテンの代わりに襖を，レースカーテンの代わりに障子を用いて話題となった。その後，同じスタイルを採用するホテルもいくつか見られるようになった。

(8) 寝 具

ホスピタリティ産業ではホテルと旅館以外にはあまり関係がないが，この両者にとっては，ある意味もっとも重要なポイントでもあるのが寝具である。

大きくはベッドと布団とに分けられる。

ベッドは本体のフレームと人が寝るためのマットレスからなっている。そして，フレームは頭側のヘッドボード，足側のフットボード，両者をサイドでつなぐサイドレール，マットレスを乗せるボトムにより構成される。

わが国ではベッドのサイズはJIS規格で規定されており，長さは1,950mmか2,050mm，幅が820mm，980mm，1,100mm，1,200mm，1,400mm，1,520mmとなっている。これらを適宜組み合わせることになるが，一般にはシングル，セミダブル，ダブル，クィーン，キングといった呼称が使われる。「ツインルーム」といっても，高価格帯のホテルでは，シングルが2台ということはほとんどなく，セミダブル以上が2台であることが多い。中にはクィー

第3章　建築とは？　インテリアとは？　◎──43

ンサイズが2台使われていることもある。

　また，ツイン仕様でありながら2台のベッドをくっつけて設置したものを，「ハリウッドツイン」と呼ぶ。

　一部のホテルでは，ベッドメイキングの際に，花びらを散らしたり，タオルなどで鳥の形を作ったりするなど，さまざまに趣向が凝らされる傾向にある。

　そして，忘れてはならない寝具として枕がある。これも，一部のホテルでは1人1個ではなく，きわめてふんだんに枕が用意されていることもある。

(9) テーブルウェア／キッチン用品

　ファーストフードなどの一部を除いた料飲サービス事業者では必須の要素である。大きくは和食器と洋食器，それ以外のものに分けられる。

　和食器は，世界的に見てもきわめて多様な種類がある食器だといえる。陶器，磁器といった焼き物も，瀬戸，備前，有田，九谷といったさまざまな種類があるし，漆器も，津軽塗や輪島塗など数多く存在する。なお，瀬戸，丹波，越前，備前，信楽，常滑は六古窯と呼ばれるほど歴史がある。

　一方，箸も多くの種類がある。素材も一般的な白木のみならず，竹なども用いるし，もちろん塗り箸もある。日本人にとって箸は特別な意味を持っており，生まれたばかりの頃，お食い初めでスタートし，亡くなったあとの拾骨に至るまで，さまざまな場面で箸が登場する。

　洋食器には，ディナーセットとも呼ばれる各種の皿の他にも，飲料のための各種のグラス類，スプーンやナイフのようなシルバーウェアが存在する。

　他にも，中華料理やエスニック料理など，多様化したさまざまな料理に合わせて，多くの種類の食器が存在する。

　注意が必要なのはテーブルセッティングと席次である。テーブルセッティングは第一印象をも左右するので，定められたとおりにきちんとセッティングをしなくてはならない。また，席次については図表3－1に和室の，図表3－2に洋室の例を掲げた。ただし，これはあくまで一例に過ぎない。多様な部屋の環境ごとに，席順も存在するからである。

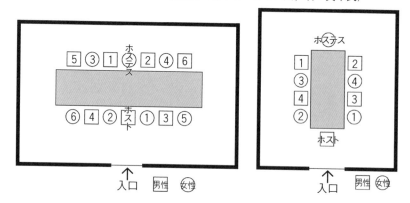

図表3-1　和室における席順例

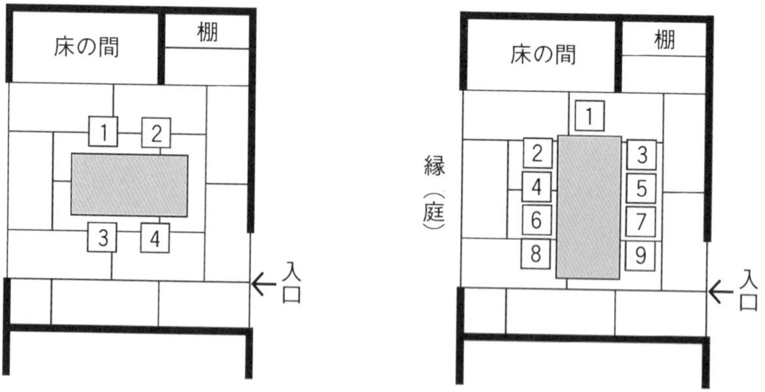

図表3-2　洋室における席順例（左：ヨーロッパ式，右：英米式）

出所：いずれも，インテリア産業協会（2006）をもとに一部改変。

(10) オーナメント

　ホスピタリティ施設の多くは，絵画や写真，彫刻，工芸品，あるいは観葉植物やインテリア雑貨などによって室内を装飾することが多い。こうした装飾は，心にやすらぎやうるおいを与えたり，雰囲気を盛り上げてくれたりする。

　彫刻や彫像は，高級感を醸し出したり，アーティスティックな空間作りをし

たりするのに便利なアイテムである。また，花瓶ひとつとっても，単なる透明なガラスのものを使うのと，アール・ヌーヴォー調（第4章を参照）のものを使うのとでは，やはり雰囲気がまったく異なってくる。竹の花籠を使えばもちろん和風になる。

　こうした諸要素の組み合わせは，なかなか難しいものであるが，一方でホスピタリティ空間作りにおいてもっとも面白い点でもある。ちょっとしたインテリアの工夫で，売り上げにも大きな影響が及ぶため，適切な内装のデザインを目指したい。

【注】
1) ペヴスナー著・小林他訳（1989）の序文より。
2) 1986年以前の副賞は，賞金とヘンリー・ムーアによる彫像だった。

参考文献

インテリア産業協会（2006）『インテリアコーディネーターハンドブック 販売編』インテリア産業協会.

熊倉洋介・末永航・羽生修二・星和彦・堀内正昭・渡辺道治（2010）『［カラー版］西洋建築様式史』美術出版社.

ニコラウス・ペヴスナー著，小林文次・竹本碧・山口広訳（1989）『新版 ヨーロッパ建築序説』彰国社.

第4章

西洋建築史

1. 古代から中世にかけて

　西洋建築における初期の代表的なものとしては，ナイル川流域のナイル文明によるエジプト建築と，チグリス・ユーフラテス川流域のメソポタミア文明によるオリエント建築が挙げられよう。

　エジプト建築は，初期王朝時代（紀元前2950〜前2650年頃）に，マスタバと呼ばれる，遺体を砂に埋めたうえで，その上に日干レンガの壁で囲った長方形の墓が作られるようになった。古王国時代（紀元前2650〜前2150年頃）になると，そのマスタバが何段にも重なった「階段ピラミッド」が登場するようになり，その時代の第4王朝時代（紀元前2570〜前2450頃，2545-2450 ?）には，ギザのピラミッドに代表される，巨石を整然と積み上げた四角錐の形をしたピラミッドが完成するようになった。

写真4−1　ギザのピラミッド

第4章 西洋建築史

　ギザには，クフ王の第一ピラミッド（底辺約230m，高さ約1,378m，完成当初は約146m），カフラー王の第二ピラミッド（底辺約215m，高さ約143m），メンカウラー王の第三ピラミッド（底辺約108m，高さ約66m）を含む施設群が存在するが，いずれも遠くから巨石を運んで造られたと思われ，当時の王の権力がうかがえる。

　一方，メソポタミアでは，紀元前3500年頃にはシュメール人が都市文明を発達させていたと考えられている。エジプトと異なり，この地域は石材や木材が乏しかったために，建築は日干レンガで造られていた。代表的な建築物としては，ウル第3王朝の「ジッグラト」が有名である。

　興味深いのは，レンガで空間を構成するために，さまざまな手法が発達したことである。アーチやヴォールトはその代表的なものである（図表4－1）。いわば，建築材料の乏しさを技術で補ったといえる。

図表4－1　空間構成の方法
（左から，「まぐさ」，「持送り」，「アーチ」，「大アーチ」）

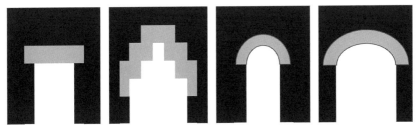

出所：「建築史」編集委員会（2009）をもとに著者作成。

　時代がやや下ると，ギリシア建築が発達する。紀元前8世紀頃から，ギリシアでは都市国家が発達しはじめた。そこでは，神殿や議事堂，ストアなどが建てられたが，彼らは特に神殿の建築に情熱を向けていた。その神殿を飾ったのが円柱であり，これと梁の構成方法をオーダーという。それぞれ，民族名や地名にちなんで「ドリス式」，「イオニア式」，「コリント式」という名称がつけられている。

写真4−2　パルテノン神殿

　一方，紀元前8世紀に誕生したローマ市を起源とするローマ帝国においてはローマ建築が発達する。ローマ建築ではギリシア建築のオーダーの中で，特にコリント式を採用した。そして，ギリシア建築で発達したオーダーを採用するのみならず，トスカナ式，コンポジット式という独自のオーダーも完成させるに至っている。

　ローマに現存する最古の大理石造の円形神殿である「ウェスタ神殿」は，周囲にコリント式の柱が20本配されている。フランスのニームにある「メゾン・カレ」も典型的なローマ神殿であり，コリント式の円柱が前面に6本，側面に11本並んでいる。有名な「コロッセウム」には，最下層から順にドリス式，イオニア式，コリント式のオーダーが用いられている。そして，「ティトスの凱旋門」では，コンポジット式のオーダーとなっている。

　313年，コンスタンティヌス帝によってキリスト教が公認されるようになると，キリスト教独自の建築が建てられるようになった。当初は，各都市にあったバシリカという集会施設を教会の代用として用いていたため，初期の教会建築はバシリカをもとにしている。そのため，「バシリカ式」と呼ばれる，平面

が長方形のスペースとなった。初代の「サン・ピエトロ大聖堂」はバシリカ式であった。

　なお，キリスト教の象徴である十字形が教会の平面構成に用いられるようになると，一辺のみが長い「ラテン十字」形の「バシリカ式プラン」と，四辺が同じ長さの「ギリシア十字」形の「集中式プラン」とに分けられるようになった。前者はローマ人から引き継がれたとされ，西ヨーロッパを中心に広まり，後者は東ヨーロッパを中心に広まった。

図表4－2　ラテン十字（左：バシリカ式）とギリシア十字（右：集中式）

出所：著者作成。

　330年にコンスタンティヌス帝は首都をコンスタンティノポリス（現在のイスタンブール）に移したが，ここを中心として東ローマ帝国が発展していく。東ローマ帝国では，ローマのローマン・カトリックとは異なるキリスト教，すなわち「東方教会」が広まった。この東ローマ帝国の建築を「ビザンティン建築」という。

　この周辺は石材や木材が乏しかったため，レンガによる建築が発達した。そして，ドームが神の座としての象徴となったこともあり，建築における重要な位置を占めるようになる。

　しかし，建築平面はバシリカ式であるため四角形が基本となっている一方，ドームの平面は円形である。この矛盾する状況を解決するために，まず矩形平面を分割して正方形とし，複数の正方形の平面したうえで，それぞれの上にドームを架ける手法が発達するようになった。結果として，バシリカ式の平面に

多数のドームが載る特徴的な姿となった。

　ヴェネツィアにある「サン・マルコ大聖堂」や，イスタンブールにある「ハギア・ソフィア（アヤ・ソフィア）」はその代表である。

写真 4 － 3　サン・マルコ大聖堂

出所：http://dreams.world.coocan.jp/

図表 4 － 3　サン・マルコ大聖堂・簡略平面図

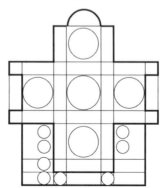

出所：著者作成。

また，レンガの壁は，大理石や金箔，ガラス，モザイクなどで装飾されているのもビザンティン建築の特徴である。

一方，7世紀頃から広まったイスラム教では，メッカにあるアッラーを祀ったカアバ神殿がただ一つの神殿であり，各地にはサラート（礼拝）のためのモスク（マスジッド）が建てられた。サラートはメッカの方向（キブラ）を向いて決められた時刻に行うため，多数の信者が同時に同じ方向を向いて礼拝できる横長のホール形式が採用された。

また，イスラム教では偶像崇拝が禁止されているため，装飾は，抽象的なモチーフによるアラベスク模様が多用されるようになる。逆に，アラベスク模様はイスラムやアラブのイメージに直結する面もあるということになる。その意味では，アラベスクがイスラム教の象徴という側面もあり，一部のホスピタリティ施設においては，これが効果的に演出に用いられている。

写真4－4　アラベスク模様が多用された装飾を持つアラブ首長国連邦・ドバイのホテル
　　　　　（One & Only Royal Mirage）

出所：著者撮影。

2．中世から近代にかけて

　西ヨーロッパでは，西ローマ帝国が滅亡したあと，混乱した時代が続いたが，11世紀頃になると落ち着いてきた。その頃に建てられるようになった建築は，ローマ時代の建築遺構を模倣した，比較的単純で簡素な石造建築を特徴とする，「ロマネスク建築」と呼ばれる様式である。ただし，各地の特性に合わせて異なる発展をしたため，共通項は厚い壁と太い柱，半円アーチの開口部といった程度である。

　この頃，スペインの「サンティアゴ・デ・コンポステーラ大聖堂」への巡礼の旅が流行したため，フランスからの巡礼路には，同じ形式の教会が多く建てられた。これらは，ラテン十字形のバシリカ式を基本としている。

　なお，イタリアの「ピサの斜塔」で有名な「ピサ大聖堂」もこの時代の建築であるが，他の地域のものとは構成が大きく異なっている。もっとも大きな相

写真4－5　ピサ大聖堂と斜塔

違点は，塔を聖堂と独立させている点である。

　1140年前後，パリのサン・ドゥニ修道院にある付属聖堂の改築に際して，尖頭アーチとリブ・ヴォールトが採用された。これが「ゴシック建築」の最初の例とされている。尖頭アーチ，リブ・ヴォールト，フライング・バットレスの3つがゴシックの特徴である。尖頭アーチは円形ではなく尖った頂点を持つアーチ，リブ・ヴォールトは交差ヴォールトの交差線に沿ってリブと呼ばれるアーチの筋をつけたもの，フライング・バットレスは建物の外側から壁を支える梁で，これによって大きな開口部が実現されることになった。

　パリの「サント・シャペル」やミラノの「ミラノ大聖堂」，ケルンの「ケルン大聖堂」など，この形式は各地に広がっていった。もっとも有名なものは，「ノートルダム」で有名な「パリ大聖堂」だろう。

写真4－6　サント・シャペル：天井にリブ・ヴォールト，窓は尖頭アーチ，建物の外にはフライング・バットレス

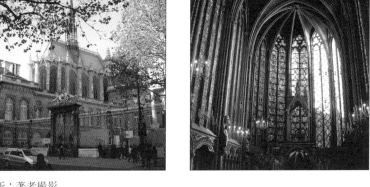

出所：著者撮影。

写真4-7　パリ大聖堂（ノートルダム寺院）

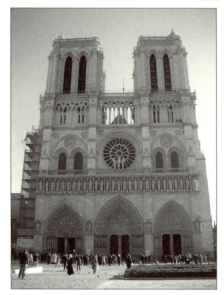

出所：著者撮影。

　14世紀のイタリアにおいて，文学や絵画・彫刻ではじまったルネサンスは，15世紀以降，建築にもその影響を及ぼしていく。「ルネサンス建築」の誕生である。古典的なローマ建築の様式を採用しつつ，ゴシックやビザンティン，イスラムといった，それまでの建築技術の長所も取り入れている点がポイントである。ポイントごとにオーダーが多用されたが，必ずしも独立柱としてだけではなく，ピラスターとして使われたりもしている。

　このスタイルはヨーロッパ中に広まっていった。フランスの「シャンボール城」や「ブロア城」，ベルギーの「アントワープ市庁舎」，果てはイギリスにまで飛び火し，「チューダー・ルネサンス」や「ジャコビアン」につながっていく。

　16世紀初頭に「サン・ピエトロ大聖堂」の建替えが実施され，これをきっ

写真4－8　サン・ピエトロ大聖堂

かけに，各国の宗教指導者や国王，貴族は，こぞって豪華絢爛な聖堂や邸宅を建てるようになった。これを「バロック建築」という。代表的なものとしては，ドイツの「ザンクト・ヨハン・ネポムク聖堂」が挙げられるが，フランスの有名な「ヴェルサイユ宮殿」もこの時代の建築である。キーワードとしては，巨大，圧倒，壮大，曲線，複雑な空間，過剰装飾といったものになるだろう。

写真4－9　ヴェルサイユ宮殿

出所：写真4－14まで著者撮影。

こうした自由奔放な建築に対する反動として，18世紀以降，再び伝統様式に立ち返る動きも生じてきた。これが「リヴァイヴァル建築」である。大きくは，考古学的調査に基づく古代建築の理想化を目指した「新古典主義」と，自国の伝統の中に建築のモデルを探求した「ゴシック・リヴァイヴァル」とに大別される。

　フランスのパリにある「サン・シュルピス聖堂」，「凱旋門」，「マドレーヌ寺院」，「オペラ座」，そして，英国の「国会議事堂」など，この頃に建てられたもので，観光の対象となっているものもきわめて多い。

写真4－10　凱旋門

写真4-11 マドレーヌ寺院

写真4-12 オペラ座

3. 近代以降

　産業革命により，経済も社会も大きく変貌を遂げることになった。建築における最大の変化は，建築材料の変化である。鉄，ガラス，コンクリートといった新材料の出現によって，建築の自由度が大きく広がったからである。
　まず，鉄が建築を大きく変えた。石造の塔では実現できないような高い塔を作ることが可能となったのである。パリの「エッフェル塔」がまさにそうである。そして，ガラスとの組み合わせによって，ガラス張りの大空間も実現した。イギリスの「オックスフォード大学図書館」は，鋳鉄の3列アーチによって，それまではありえなかったような明るい空間となっている。

写真4－13　エッフェル塔

一方で，職人による手仕事に立ち返ろうという「アーツ・アンド・クラフツ運動」も勃興してくる。

　こうした流れの中で，不規則な曲線を多用した「アール・ヌーヴォー」と呼ばれる建築が生まれることになる。これは，建築以外にも家具や工芸にまで波及していく。このスタイルを多用したのは，エクトール・ギマールやアントニオ・ガウディで，前者は「カステル・ベランジュ」や「メトロ出入り口」で，後者は「カサ・グエル」,「カサ・パトリョ」,「カサ・ミラ」,「パルコ・グエル」,「サグラダファミリア聖堂」でそれぞれ有名である。

写真4－14　アール・ヌーヴォー調のメトロ出入り口

写真4－15 カサ・ミラ

写真4－16 サグラダファミリア聖堂

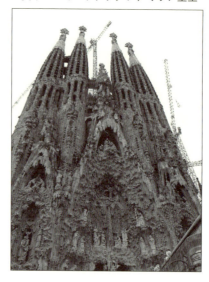

他にも，家具や工芸などで，エミール・ガレやルネ・ラリックらがアール・ヌーヴォーの代表とみなされている。

写真4－17　アール・ヌーヴォーのガラス器

写真4－18　アール・ヌーヴォーの家具

出所：写真4－17と4－18はいずれも著者撮影。

当時新興国であった米国にも，産業革命の波はやってきた。1871年にシカゴ大火があったのち，木造建築の再建は認められなかった。そのため，復興の建築は，当時のシカゴの産業を支えてもいた鉄が多用されることになり，新しい手法が開発されていった。

鉄骨造のオフィス建築が多くなったため，高層化も進み，それに対応してはめごろし窓とサッシを組み合わせた「シカゴ窓」と呼ばれる独特の窓が流行した。こうした建築を実現した一派を「シカゴ派」と呼ぶ。

シカゴの高層ビルは，「ライター・ビル」（1879年竣工）が嚆矢とされる。これは，柱と梁以外，外壁面のすべてが窓という画期的なビルであった。その後，構造体のすべてを鋼鉄で造った初の高層ビルといわれる「ホーム・インシュアランス・ビル」が1885年に完成した。また，1891年に完成した「モナドノッ

写真4－19　シカゴの古くからの高層ビル街

出所：著者撮影。

ク・ビル」は16階建てにまで達したが、レンガ造だったため、低層部は壁が非常に厚い建築となってしまった。この流れの延長に、シカゴ窓を大々的に採用した、鋼構造による16階建ての「リライアンス・ビル」(1895年竣工) がある。

その後、鉄骨造のみならず、鉄とコンクリートの複合による鉄筋コンクリート造（RC造）も開発され、さらなる建築の可能性が広がっていく。

そして、こうした流れがニューヨークにも伝わり、アール・デコの出現に繋がっていくことになる。

ニューヨークにはシカゴ派の影響が大きく、1910年代には200mを超える超高層ビルが建てられるようになった。1913年に完成した「ウールワース・ビル」は、この時代で既に52階建、高さ240mを超えるものであった。1929年の世界大恐慌前後まで高層化の競争は続き、その過程で「クライスラー・ビル」(1931年竣工、77階建、319m)、「エンパイア・ステート・ビル」(1931年竣工、102階建、381m) が出現している。

こうした超高層ビルは、様式建築とは異なる装飾、すなわち直線と円弧を基本とした幾何学的な装飾で飾られていた。これがアール・デコの特徴である。

一方、その頃のヨーロッパでは逆に、装飾が排除された建築が追及されるようになってきていた。すなわち、建築の材料が鉄、コンクリート、ガラスに移行してからは、普遍性の高い建築のスタイルが流行の兆しをみせていたのである。これは、科学技術の進歩が土着性や地域性を超越したものとされた。

こうした方向性は、「モダニズム」といわれ、やがて「インターナショナル・スタイル」として米国にも広がっていく。このプロセスにおいては、3人の代表的な牽引役がいた。すなわち、ワルター・グロピウス、ミース・ファン・デル・ローエ、ル・コルビュジェである。

グロピウスは、「AEGタービン工場」(1909年) や「ファッグス靴工場」(1911年)、「ドイツ工作連盟モデル工場」(1914年) への関与を通じて、ガラスのカーテンウォール、立方体的全体構成、支柱のない隅部といったモダニズムの要素を示した。その後、「バウハウス」という芸術学校の校長を務めたが、その移転に際しては新校舎 (1925年) の設計も手がけている。晩年はイギリス、そし

写真4－20　エンパイア・ステート・ビル

てロンドンに渡り，教育に打ち込んだ。

　ミースは,「バルセロナ万博ドイツ館」(1929年) の設計などを通じ，不必要な要素の排除，柱によるスラブの支持とそれによる自由な位置の間仕切りなど，グロピウス同様にモダニズムの要素を示した。1937年に米国に亡命し，シカゴのアーマー工科大学（現在のイリノイ工科大学）で教壇に立つとともに，「ファンズワース邸」(1950年) や「レイクショア・ドライブのアパート」(1951年),「シーグラム・ビル」(1958年) などを設計するとともに，自校の校舎（代表的なものとしては「クラウン・ホール」(1956年) など）の設計も行った。いずれも，"Less is more" という，ミースによる単純化の希求が具現化されたものである。

　コルビュジェは,「近代建築の5原則」を提示したことが特筆される。これ

写真4-21　国立西洋美術館本館

出所：著者撮影。

は，①ピロティ，②屋上庭園，③自由な平面，④水平連続窓，⑤自由な前面（ファサード）の5つの原則であり，サヴォワ邸（1931年）やスイス学生会館（1932年）で実現している。なお，わが国には「国立西洋美術館本館」（1959年）が存在する。

彼らが中心となって，世界に広まっていくインターナショナル・スタイルの基本要素は，機能主義，単純な形態，平滑な壁面，装飾の排除ということになる。

なお，同時代の著名な建築家として，フランク・ロイド・ライトがいる。わが国では「帝国ホテル旧本館」（1923年）の「ライト館」にその名を残しているが，これに象徴される水平線が強調されたスクラッチ・タイルの建築のみならず，「落水荘」（1936年）や「ジョンソン・ワックス社事務所」（1939年），「グッゲンハイム美術館」（1959年）など，さまざまな建築を手がけている。

写真4-22　帝国ホテルのライト館模型

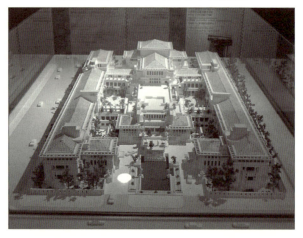

出所：著者撮影。

写真4-23　グッゲンハイム美術館

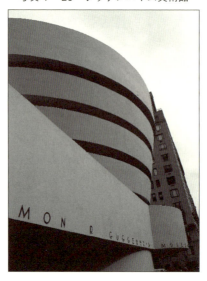

写真4-24　シドニー・オペラハウス

　第2次世界大戦後は，新構法の開発による大規模建築が増加していく。エーロ・サーリネンによる「ケネディ空港TWAターミナル」(1962年) や「ダレス空港TWAターミナル」(1963年)，ヨーン・ウッソンとオーヴ・アラップによる「シドニー・オペラハウス」(1973年) など，特徴的な大規模建築が登場していくことになる。

　一方で，機能主義や普遍性に対するアンチテーゼとして，「ポスト・モダン」が提唱されるようになる。現在もポスト・モダンの渦中にあるという説も存在するため，さまざまなスタイルが模索されている。とはいうものの，その根底には，「ヴァナキュラー」(土着) 建築をもとにしつつ，現代的にアレンジするという点が共通している。

　「ハイテク建築」と呼ばれるものもこの一群であり，リチャード・ロジャースやノーマン・フォスターといった英国系の建築家が代表的で，前者はレンゾ・ピアノとともに設計した「ポンピドー・センター」(1972年) や「ロイズ保険」(1984年)，後者は「香港上海銀行本店」(1986年) などがある。

なお，米国でも，フィリップ・ジョンソンによる「旧AT&Tビル」(1984年)がその嚆矢とされている。

他にも，「ディスコントラビズム」と呼ばれる，まるで崩れた建物のような建築や，環境への配慮あるいは自然を取り込むなどした「エコロジー建築」，地域性を取り入れた「リージョナル建築」など，多様な建築が模索されているのが現状である。

> 参考文献

「建築史」編集委員会編著（2009）『コンパクト版 建築史』彰国社.
熊倉洋介・末永航・羽生修二・星和彦・堀内正昭・渡辺道治（2010）『[カラー版]西洋建築様式史』美術出版社.

第5章

日本建築史

1．古代から平安時代にかけて

　わが国における最初期の建築といっても，西洋建築と同様，現時点における考古学の成果から判断するしかない。これまでの研究によれば，後期旧石器時代（紀元前3万年～前1万年頃）には，掘立柱をともなう竪穴式住居が作られたとされている。また，縄文時代（紀元前1万1,000年～前1,000年頃）には定住生活を営むようになり，縄文時代後期（紀元前2,000年～前1,000年頃）には稲作の開始とともに，大規模な建築も作られるようになっていったとみられている。

　弥生時代（紀元前1,000年～300年頃）になると，稲作が本格化し，竪穴式住居を多数含む環濠集落も登場するようになる。吉野ヶ里遺跡などが代表的である[1]。

　この頃までの建築は，床の位置と壁の有無，そして構法によって分類することが可能である。

　床の位置を大別すると，平地，竪穴（たてあな），高床，壁の有無を大別すると伏屋（ふせや）式と壁立（かべだち）式となる。

図表5－1　床の位置

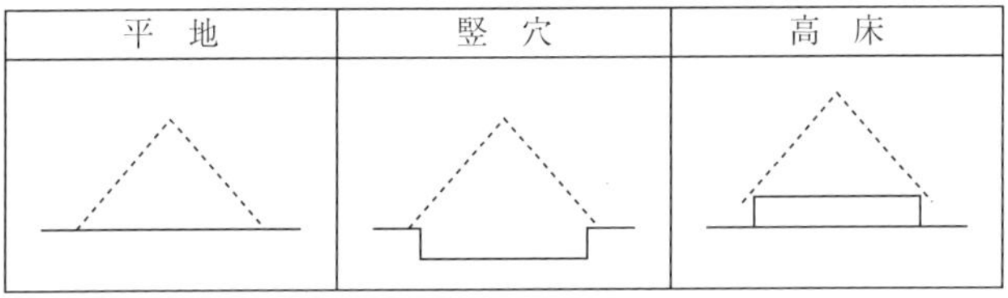

平　地	竪　穴	高　床

出所：後藤（2003）を参考にして著者作成。

図表5－2　壁の有無

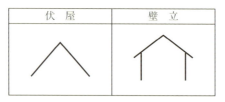

出所：後藤（2003）を参考にして著者作成。

　古代のわが国では、もともと高床式倉庫などに宝物や食料を保存していたと思われる。そのため、高床式倉庫に基づいた神殿が造られるようになったと推定される[2]。

　ここで、特徴的な4つの「神殿」を通じて建築面での影響を考察してみる。

　もっとも日本の伝統的な様式を保持しているとされるのが「伊勢神宮」で採用されている「神明造（しんめいづくり）」である。白木のままの部材を用い、屋根は直線的な切妻屋根、妻ではなく平から入る高床式となっており、屋根の

写真5－1　伊勢神宮

もっとも高い部分である棟を支える棟持柱（むなもちばしら）は妻面に露出している。また，棟持柱をはじめ，柱はみな直接地面に柱を立てる掘立柱（ほったてばしら）式である。

「出雲大社」の本殿は，「大社造」と呼ばれる。現在の建物は1744年に建立され，基礎に石が置かれていたり，弛みのある屋根を乗せるなど，中国からの影響も見られる。しかし，もとは掘立柱で，直線的な屋根だったとされる。現在でも高い床を採用するなど，日本古来の様式も垣間見られる。もっとも特徴的なのは，左右対称ではなく田の字型の平面構成となっており，入り口も妻面にあるが，右寄りに位置している点である。

「住吉大社」の本殿は「住吉造」といわれるが，直線的な切妻屋根などに日本古来の様式が見られる。なお，入り口は妻面にある。現在の住吉大社本殿は，1810年に建てられているが，中国からの影響が色濃く見られる，すなわち，基礎に石を用いているのみならず，丹塗りが各所に施されているなどされている。また，床は比較的低い。

「春日大社」の本殿は丹塗り，弛みのある屋根，妻面に庇がつくなど「春日造」といわれるが，多く中国の影響が見られる。日本の伝統的な様式は高床という点である。

この中で，伊勢神宮では20年ごとに式年造替（式年遷宮）という社殿の造り替えを実施している。すなわち，伊勢神宮の様式では，20年以上の耐久性を持ちえないということである。それ以上の耐久性を建物に持たせるのには，掘立柱ではなく基礎に石を用いたり，丹塗りの柱を用いる必要がある。それならば，他の神社のように中国大陸からの技術をどんどんと取り入れればよさそうであるが，この点について，「建築史」編集委員会（2009）は興味深い仮説を提示している。

すなわち，伊勢神宮があえて新技術を用いずに古来のスタイルを堅持しているのは，大陸から伝来した建築様式に対抗しようとしているのではないかというのである。

わが国に現存する最古の建物は「法隆寺金堂」（7世紀後半）であるが，その

後に続く現存建物は,「薬師寺東塔」(8世紀前半),「唐招提寺金堂」(8世紀後半)と,寺院建築が圧倒的である。これらは,伊勢神宮に象徴される古来の日本建築と比べるとはるかに高い耐久性を持っていた。

その背景には,当時としては新しい宗教である,仏教の伝来が関係している。仏教伝来は,単に思想としての宗教が伝わってきたのみならず,それを取り巻くさまざまな要素,つまり,儀式に必要な素材や考え方,そのための場所を造るための技術といったものも含めて伝わってきたのである。お茶の広がりもそうであるが,寺院を建立するための建築の技術と構法も,新たな手法がもたらされ,それがその後の日本建築に大いに取り入れられるようになっていった。

また,国家が仏教を奨励したとともに,自ら寺院の建設にも取り組んだことも大きい。それにより,伽藍配置が整備され,建物は大型化し,軒を支える構

写真5－2　法隆寺の金堂（左）と五重塔（右）

出所：http://dreams.world.coocan.jp/

写真5－3　薬師寺東塔

出所：http://dreams.world.coocan.jp/

造に進歩が見られるようになったという[3]。その意味では，東大寺の伽藍は，仏教とともに入ってきた技術の到達点を示す国家的なモニュメントであるともいえる。そして，この技術は，国分寺，国分尼寺の建設を通じて各地方へ伝播していくことになる。

　大陸の建築様式である礎石，丹塗りといった中国から導入された技術は，建築物の寿命を1,000年以上に延ばした。一方，日本古来の様式では，せいぜい数十年しか持たない。そのような状況において，日本古来の神社があえて式年造替をしてまで建築様式を残そうとしているのは，対抗しているように感じられる面も確かにある。少なくとも，建築に対する象徴性が感じられるのは間違いない。

　ここで1点，興味深い説を紹介しておきたい。平安時代の口遊に「雲太，和

二，京三」というフレーズが出てくるが，これは，かつてのわが国における「三大巨大建造物」であり，「雲太」は「出雲大社」，「和二」は「東大寺の大仏殿」，「京三」は「平安宮の大極殿」のことを指しているというものである。いうまでもなく，太郎，二郎といった名前と同様，この「太」，「二」，「三」は順番を示しているのであり，出雲大社が一番大きく，続いて東大寺の大仏殿，その次が朝廷，ということになる。実際，一説によれば東大寺大仏殿はかつて45m，出雲大社はそれより高く，48mであったという説もある。

　本来であれば，この国の王者たる天皇のいる場所がもっとも大きいとすべきはずが，それよりも仏教の象徴が，さらにそれよりも出雲大社が大きいということになっている。

　井沢（1998）は，出雲はこの国をかつて治めていた王を祭っている神社であるとし，その怨霊を鎮めるために，「一番ですよ」としたという説を論じてい

写真5－4　出雲大社の復元模型

出所：著者撮影。

る。そして，それはわが国を貫く原理である「和」，すなわち「争わない」という方向性とも一致しており，さらに，なんと十七条憲法とも整合性が取れていると主張している。

この点の真偽について，本書では取り扱わないが，神社や寺院という建築物の象徴性については理解できよう。

さて，仏教の伝来とともに伝わってきた技術を応用し，この時代には，権力者の住宅，祭祀施設，神社，倉庫などに，新たな技法と構法による建築が出現してくる。

例えば，「校倉造」は，「唐招提寺宝蔵」や「同経蔵」(いずれも8世紀)，あるいは「正倉院」(756年頃) に見られる，三角形断面の校木を積み上げて造った独特の建築である。日本古来の様式であったが，基礎や屋根については大陸の影響が見られるという[4]。

また，7世紀から8世紀にかけては，都のあり方も大きく変化した。かつて，天皇が住む宮は，少なくとも一代ごとに移転を繰り返すのが一般であったが，持統天皇による藤原京の遷都 (694年) 後は，文武，元明と固定化された。しかし，710年には元明天皇が平城京へと都を移し，桓武天皇の時代になると784年には長岡京へ，さらに794年には平安京に遷都され，ここでやっと完全なる固定化がなされることになる。平城京には南都七大寺など寺院勢力も勧請されたが，こうした寺院勢力が強くなりすぎたために平安京への遷都が行われたともいわれる。

それまでの寺院が平地に整然とした伽藍を構築されたのに対し，平安時代には最澄による天台宗の比叡山延暦寺，空海による真言宗の高野山金剛峰寺など山岳立地となり，新しい建築が付け加えられるようになっていった。

一方，末法思想の流布によって，浄土教が大流行するようになった。浄土教では，阿弥陀如来像の周りを右回りに周りながら弥陀の称号を唱える「常行」が行われるため，それをするための「阿弥陀堂」が続々と造られていった。なお，これは貴族の邸宅などにも小規模なものが建てられ，こちらは「持仏堂」といわれる。こういった仏堂は，それまでと異なって信者が頻繁に中に入ると

写真5－5　平等院鳳凰堂

いう点で，それまでの宗教建築とは大きく異なっている。

なお，「平等院鳳凰堂」も，極楽浄土への憧れを具現化したものとして，浄土教の影響を受けたものであるといえよう。

その他，「大仏様」や「禅宗様」といった仏教における様式が，それぞれに完成されていったのがこの時期である。

なお，この時代の神社には，古代からの形式に新しい技術を付加したものが出現してきた。「流造」はその代表であり，切妻造で庇を平側に伸ばした形態で，神社の様式としてはもっとも多い。また，入母屋造を発展させた形で，吉備津神社の本殿における「吉備津造」のように入母屋造を2つつなげた「比翼入母屋造」なども出現してきた。

2．平安時代から江戸時代にかけて

　貴族を中心としていた権力が，武士に移行していったのにともなって，権力者の住宅も，平安時代には「寝殿造」が中心だったのが，室町時代以降，中世に入ると，「書院造」が主流になっていく。この両者のもっとも大きな相違点は，寝殿造は家具が可動式であるのに対して，書院造は家具が固定化していったことにある。

　ここで，この時代を代表する建築の一つとして，「金閣」にみる三層構造について触れておきたい。京都を代表する観光資源として名高い金閣は，正式には「鹿苑寺舎利殿」といい，室町幕府3代将軍足利義満の頃に創建された。義満は，「天皇になろうとした将軍」という説もあるくらいの絶対権力者であったが，その政務の中心として「北山殿」または「北山第」と呼ばれる邸宅を構えた。この一部が現在の鹿苑寺である。

　その意味では，金閣とは，今の日本で例えるならば，北山殿が国会議事堂や永田町界隈，そして霞ヶ関を含む今のわが国における政府機関であり，そのなかの象徴的な建築物だけが残ったということである。いわば，国会議事堂の中央ドームだけが残った姿を想像してもらえればいいだろう。

　そして，なぜ義満は金閣を造ったかというと，井沢（2003）に興味深い説が展開されている。

　金閣は1階が寝殿造風であり，2階が書院風あるいは和様仏堂風，そして3階は唐戸や花頭窓を用いた禅宗様仏堂風と，それぞれ様式が異なっている。このように，一つの建物に複数の様式を採用することは少ないが，そこに義満の意図が見えるという。すなわち，1階を寝殿造で生活していた貴族に，2階を武士に，3階を義満自身になぞらえたというのである。

　事実，義満は明から日本国王と認められる一方，自身は出家している。さらに，屋根上には鳳凰が乗っているが，鳳凰とは，春秋時代の『詩経』，『春秋左氏伝』，『論語』などにおいて，「聖天子の出現を待ってこの世に現れる」瑞鳥

写真5-6 金閣

の一つとされている。

　この説は、定説となっているわけではないが、建物の象徴性を示すエピソードであるといえよう。

　茶の湯は、前述したとおり中国から入ってきたものであるが、日本で独自の進化をしたのは周知の通りである。それを実現したのは、村田珠光、武野紹鴎、千利休らであるといわれる。茶の湯の世界でも建築は重要な役割を担っている。また、茶室は単体で造られる場合、それを取り巻く庭園とともに調和が取られる。建物内に造られる場合でも、その状況に準じる。それは、茶会において来客が、

　　寄付（で身支度を整え）→ 露地（を通り）→ 蹲踞（つくばい）（で手と口をすすぎ）→
　　躙口（にじりぐち）（から）→ 茶室（に入る）

という一連の流れがあることに対応している。

写真5-7　曲り家

出所：著者撮影。

　茶室は，四畳半を基準としており，四畳半より狭いものを小間（こま）の茶室，広いものを広間の茶室と呼ぶことがある。現在では国宝や重要文化財となっているものもあり，前者は待庵，如庵，密庵が，後者は今日庵，不審庵，官休庵，燕庵などが指定されている。

　この頃から，民家では，「曲り家」や「合掌造」といった，その土地の特色に合わせた建築が出現しはじめている。曲り家は馬とともに生活をするのに適したスタイルであり，合掌造は屋根裏で養蚕をするのに適した構造である。

　一方，安土桃山時代から江戸時代にかけて，有力者たちはこぞって城を築くようになった。その中でも，当初は物見，司令塔としての存在であった天守が，織田信長の安土城や，豊臣秀吉の大坂城や伏見城などが造られた頃から，権威の象徴のように変化していった。築城技術は江戸初期にかけて発達したが，平和な時代になってからは城の必要性も低下していった。前後して徳川幕府が一国一城令を制定したこともあり，戦いのためよりもむしろ，政治の中心としての城に変貌していくことになる。その過程で周辺に身分に応じて武家屋敷が造られ，城下町を形成していくことになる。

写真5－8　合掌造の集落

出所：いずれも著者撮影。

写真5-9　金沢の武家屋敷跡

出所：著者撮影。

3．近代以降

　開国後のわが国の近代化は，「富国強兵」，「殖産興業」をスローガンとして進められた。そのもっとも近道は，進んだ欧米の技術の導入であると考えられていた。

　技術面での遅れを取り戻すために，外国人技師を招聘し，技術の導入を図っていくという方向性が志向されることになる。この技師たちのことを「お雇い外国人」と呼ぶようになった。

　鎖国をしていた日本では，諸外国と比べるとさまざまな点で大きな相違があった。建築面でも，西洋建築と当時の日本建築はまったく異なる材料や技術を用いていた。そのため，過渡期において，当初は大工や職人たちが日本の材料や技術によって，西洋建築を真似て建てた「擬洋風建築」と呼ばれる建築物が

出現する。

　リチャード・ブリッジェンスの設計で清水組が建設し，1868年に開業した「(築地)ホテル館」はまさにこの擬洋風であり，他にも同じコンビによる「三井組（後の第一銀行）」(1872年) などがその代表格である。また，こうした建築を見た職人が，地方でも同様の建築を目指すようにもなり，ある程度，日本中にも広まっていった。松本市で，地元の大工である立石清重によって建てられた「開智学校」(1876年) が代表的である。

　こうした建築はみな，なまこ壁や漆喰など，旧来の技法を用いながらも，なんとか西洋風の外観にしようと努めていた。

　ただ，このような技術や方法では，やはりそれまでの日本建築とはまったく異なる西洋建築を実現するのは難しい面も多々あった。そのため，本格的な西洋建築は，お雇い外国人たちに実現してもらうことになった。

　この第1陣に当たるのが，トーマス・ウォートルス，ジョサイア・コンドル，

写真5－10　開智学校

出所：写真5－22まで著者撮影。

ヘルマン・エンデ，ヴェルヘルム・ベックマンである。

　ウォートルスはもともと建築家ではなく，土木なども含む幅広い分野に関係する技術者であった。来日当初は薩摩藩の建築を手がけたが，その後は政府の技術者として，「大阪造幣寮泉布館」（1871年）や「銀座煉瓦街」（1877年）を実現させた。

　コンドルは，1877年から1884年まで，工部大学校造家学科（東京大学工学部の前身）の教授を務め，教え子には，第1期生の片山東熊，辰野金吾，曽禰達蔵，佐立七次郎，第2期生の渡辺譲，中退ではあるが第6期生の妻木頼黄らがおり，わが国の建築界に大きな影響を及ぼしたとされている。

　彼は，「旧東京帝室博物館本館」，「旧宮内省本館」（いずれも1882年），「鹿鳴館（のち華族会館）」（1883年），「三菱一号館」（1894年），「三菱二号館」（1895年），「三菱三号館」，「岩崎久弥茅町本邸（現在の旧岩崎邸庭園洋館および撞球室）」（いずれも1896年），「岩崎弥之助高輪邸（現在の三菱開東閣）」（1908年），「三井家

写真5－11　三菱一号館（レプリカ）

写真5−12　古河庭園大谷美術館

倶楽部（現在の綱町三井倶楽部）」(1913年),「島津家袖ヶ崎邸（現在の清泉女子大学本館）」(1915年),「古河虎之助邸（現在の旧古河庭園大谷美術館）」(1917年) など, 多くの建築を遺した。

　エンデとベックマンは, 不平等条約改正を目指した官庁集中計画のために招聘されたが, この中心的人物であった井上馨が失脚したために,「司法省（現在の法務省旧本館）」など, 一部が実現したのみにとどまった。

　コンドルの門下から, 日本人建築家が誕生しはじめる。前にも述べたとおり, 第1世代は辰野金吾, 片山東熊, 曾禰達蔵, 佐立七次郎である。

　辰野金吾は首席で卒業し, 英国留学をしたのちにコンドルのあとを継いで工部大学校の教壇に立ちつつ, 多くの建築を遺した。「日本銀行本店」(1896年),「日本銀行大阪支店」(1903年),「日本銀行京都支店」(1906年),「中央停車場（現在の東京駅丸の内駅舎）」(1914年) といった国家を代表する建築を手がけた。

写真5-13　法務省旧本館

写真5-14　東京駅

写真5-15　表慶館

　片山東熊は主として皇室に関係する建物を手がけ,「帝国奈良博物館（現在の奈良国立博物館本館）」(1894年) や「表慶館」(1908年),「東宮御所（現在の迎賓館）」(1909年) などを残した。

　曽禰達蔵は, 後輩の中條精一郎と「曽禰中條建築事務所」を開設し,「慶應義塾大学図書館」(1912年),「東京海上ビルディング旧館」(1918年),「日石ビルディング」(1922年),「郵船ビルヂング」(1923年) など, 大学建築やオフィス建築を中心に手がけた。変わったところでは,「小笠原伯爵邸」(1927年) もこの手による。

　妻木頼黄は中退したが, 官庁営繕の仕事を多く手がけ,「東京商業会議所」(1899年),「横浜正金銀行（現在の神奈川県立博物館）」(1904年) などを建てている。

　第2世代としては, 武田五一, 野口孫市, 鉄筋コンクリートを得意とした遠藤於菟, 鉄骨構造に長けていた横河民輔, 思想面でのアプローチを行った伊東

忠太らが挙げられる。いずれも，ヨーロッパにおける様式建築からアール・ヌーヴォーなどへの変化や，米国における合理的建築の伸張，あるいはアジアの建築に影響を受けた新しい時代の建築を実現させている。

遠藤於菟は，わが国初の本格的鉄筋コンクリート（RC）造オフィスビルの「三井物産横浜支店」(1911年) を，横河民輔は「三越百貨店」(1914年) を，伊東忠太は「築地本願寺」(1934年) をそれぞれ設計している。

この時代に興味深いのは，建築に思想的背景が付け加えられるようになり，わが国の様式はどのようなものであるかが問われるようになった。すなわち，「国民様式」の追及である。長野宇平治による「奈良県庁」(1895年) や「大倉精神文化研究所」(1932)，あるいは昭和初期に流行した「帝冠様式」はその系譜である。帝冠様式は，鉄筋コンクリート造の洋式建築に和風の屋根をかけたもので，「神奈川県庁舎」(1928年)，「名古屋市庁舎」(1933年)，「日本生命館（現在の高島屋日本橋店）」(1933年)，「軍人会館（現在の九段会館）」(1934年)，「東京帝室博物館（現在の東京国立博物館本館）」(1937年)，「愛知県庁舎」(1938年) などが代表的である。

写真5－16　九段会館

写真5-17　東京国立博物館本館

　また，関東大震災の影響も見逃せない。地震によってレンガ造の建物の脆弱さが露呈し，鉄筋コンクリートが普及していくようになる。同時に，震災義援金をもとにして1924（大正13）年に創設された「同潤会」によって，鉄筋コンクリート造のアパートメントハウスが多数作られた。

　その後，時代は戦時色を濃くしていき，建築も戦中から戦後にかけての停滞期に入っていくが，これと前後して，モダニズムがわが国にも広まっていく。

　山田守やアントニン・レーモンド，あるいはコルビュジェの弟子ともいえる前川國男や坂倉準三といった建築家たちが，モダニズムの牽引役となっていった。

　山田守は，「東京中央電信局」（1925年）で放物線アーチを並べた当時としては斬新な建築を実現し，それを「聖橋」（1927年）にも応用したが，「東京逓信病院」（1937年）では装飾を一切廃した機能的な建築とし，モダニズムへの転向がうかがえる。

写真5-18 山田守による聖橋：アーチをここでも使っている

　前川國男は，戦後の混乱期，「紀伊国屋書店」(1947年) によって，木造でのモダニズムを実現し，その後，「東京文化会館」(1961年) などの新しい方向も示すようになった。

　坂倉準三は，「神奈川県立近代美術館」(1951年) でモダニズムをきわめ，その後，「東急会館（現在の東急百貨店東横店西館）」(1954年)，「小田急電鉄新宿駅西口本屋ビル（現在の小田急百貨店本店）」(1967年)，「国鉄渋谷駅西口ビル（現在の東急百貨店東横店南館）」(1970年) といったデパート建築や，「ホテル三愛（現在の札幌パークホテル）」，「ホテルパシフィック東京（現在のSHINAGAWA GOOS）」(1971年) のようにホテルも手がけるようになった。

　モダニズムが伸張する一方，様式建築への希求も根強く残っていた。しかし，だんだんとモダニズムの勢いに飲まれていってしまう。岡田伸一郎による「明治生命館」(1934年) と，渡辺仁による「第一生命保険（現在のDNタワー21）」(1938年) とを比較すると，その点がよく理解できるのではないだろうか。

写真5-19　東京文化会館

写真5-20　東急百貨店西館（中央やや左）と南館（右）

写真5-21　明治生命館

写真5-22　DNタワー21（低層部）

モダニズムはやがて全盛を迎える。その牽引役となったのは，前出の前川國男や坂倉準三の他に，丹下健三や村野藤吾ら，新しい世代の建築家による。

村野藤吾は，「そごう大阪店」(1935年) や「大丸神戸店」(1936年) などデパートを多く手がけていたが，「読売会館」(1957年) や「日生劇場」(1963年) で独特のホール建築を実現し物議をかもした。それでいて，「千代田生命保険本社ビル（現在の目黒区総合庁舎）」(1966年) ではオーソドックスなモダニズムも展開している。

一方で村野は，「志摩観光ホテル」(1951年)，「佳水園（現在のウェスティン都ホテル京都和風別館）」(1959年)，「都ホテル新館（現在のウェスティン都ホテル京都本館）」(1960年)，「箱根プリンスホテル（現在のザ・プリンス箱根）」(1978年)，「都ホテル東京（現在のシェラトン都ホテル東京」(1979年)，「新高輪プリンスホテル（現在のグランドプリンスホテル新高輪）」(1982年)，「都ホテル大阪（現在のシェラトン都ホテル大阪）」(1985年)，「京都宝ヶ池プリンスホテル（現在のグランドプリンスホテル京都）」(1986年)，「三養荘新館」(1988年)，「横浜プリンスホテル」(1988年) など，数多くのホテル，旅館の建築も手がけている。

丹下健三による「旧東京都庁舎」(1957年) や「香川県庁舎本館（現在の東館）」(1958年) は，コルビュジェによる「近代建築の5原則」を満たしており，その後の庁舎建築に大きな影響を及ぼした。その後，1964年に「東京カテドラル聖マリア大聖堂」というモニュメンタルな建築を手がける前後からは，建築のフィールドが世界に広がっていく。

なお，槇文彦，磯崎新，黒川紀章，槇文彦，谷口吉生らは丹下の弟子と目されている。

1960年代から1970年代にかけては，東京オリンピックと大阪万博という国家的なイベントが開催された時代であった。丹下健三による「東京オリンピック国立屋内総合競技場（現在の国立代々木体育館）」(1964年) と山田守による「日本武道館」(1964年) はその象徴といえるだろう。

その後，わが国にも「ポスト・モダニズム」の流れは押し寄せてきて，磯崎新，安藤忠雄，原広司といった若手の他に，丹下健三も「東京都庁舎」

写真5－23　国立代々木体育館

(1991年)や「新宿パークタワー」(1994年)などでポスト・モダンの流れに乗った。

1980年代にはプリンスホテルが急成長したが，丹下は「赤坂プリンスホテル新館」(1982年)，「大津プリンスホテル」(1989年)，「幕張プリンスホテル」，「横須賀プリンスホテル」(いずれも1993年)，「東京プリンスホテルパークタワー（現在のザ・プリンス・パークタワー東京)」(2005年)などを手がけている。他にも，「パークハイアット東京」が入る「新宿パークタワー」(1994年)，「フジテレビ本社ビル」(1996年)，「東京ドームホテル」(2000年)，といった象徴的な高層ビルを，ポスト・モダンで完成させている。

バブル景気の頃には外国人建築家による前衛的な建築が多く見られたが，バブル崩壊後は，著名な外国人建築家と大手建築事務所とのコラボレーションも多く見られるようになっていった。これは，建築規模が巨大化していく流れと

写真5−24　東京都庁第1本庁舎

写真5−25　ザ・プリンス・パークタワー東京

も関係している。そのため，ホスピタリティ産業のための建築は激減し，大規模再開発の一部にホスピタリティ産業が組み込まれる形態が常態化しつつある。

その一例として，東京ミッドタウンでは，SOM，日建設計，EDAW（現在のAECOM），Communication Arts，隈研吾建築都市設計事務所，坂倉建築研究所，安藤忠雄建築研究所と，多くの建築家・建築事務所が関係している。

写真 5−26 東京ミッドタウン

【注】
1) 以上，「建築史」編集委員会（2009），pp.10-11。
2) 他にも，権力者によって作られるようになったという説もある。
3) 後藤（2003），p.9。
4) 後藤（2003），p.12。

参考文献

井沢元彦（1998）『逆説の日本史1 古代黎明編』小学館.
井沢元彦（2003）『逆説の日本史7 中世王権編』小学館.
太田博太郎・藤井恵介監修，太田博太郎・宮本長二郎・藤井恵介・上野勝久・丸山茂・松崎照明・平山育男・後藤治・藤田盟児・光井渉・大野敏・中谷礼仁・松隈洋（2010）『[カラー版]日本建築様式史』美術出版社.
「建築史」編集委員会編著（2009）『コンパクト版 建築史』彰国社.
後藤治（2003）『建築学の基礎6 日本建築史』共立出版.

第6章

ホスピタリティ施設の概要

1．ホスピタリティ施設とは

　第1章で詳しく述べたとおり，ホスピタリティ産業とは「宿泊，料飲を軸として，時間を過ごすためのサービスを提供する産業」と定義づけすることができる。そして，その具体例としては，宿泊産業，料飲サービス産業，セレモニー産業，レジャー産業といったものが挙げられるだろう。

　いずれも，「寝る」，「食べる」，「過ごす」，「楽しむ」といった要素が含まれ，それぞれに応じて空間作りが行われることになる。また，この際，同じ「食べる」という目的を果たすための場所でも，和食系統の料飲サービス店舗では和を意識した店作りをし，フランス料理のレストランであれば，やはりフランスを意識した店作りが行われる。いずれも，第4章と第5章で論じた各地域，各時代における建築の特徴などを利用して，雰囲気を醸し出す工夫をしている。場合によっては，あえて違和感を生じさせるデザインを採用することもあるが，少数派である。

　ただ，どの施設においても基本となる部分はあるので，本章では，まずわが国における特徴的なホスピタリティ産業として旅館を取り上げた上で，各要素を取り揃えているホテルを中心として解説し，料飲サービス施設とセレモニー施設，そしてその他のホスピタリティ施設，それぞれの施設の特徴についてまとめておく。

2．旅館の施設と設備

（1）概　要

　旅館とは，わが国固有の宿泊施設である。一般には一泊二食付きで，和室でのサービス提供がなされる施設であると認識されている。その内容を，もう少し詳しく検討する。

　旅館業法第二条によれば，旅館は，

　　「和式の構造及び設備を主とする施設を設け，宿泊料を受けて，人を宿泊させる営業で，簡易宿所営業及び下宿営業以外のものをいう」（第3項）

としている。なお，ここで出てくる「下宿営業」は，

　　「施設を設け，一月以上の期間を単位とする宿泊料を受けて，人を宿泊させる営業をいう」（第5項）

となっており，「簡易宿所営業」は，

　　「宿泊する場所を多数人で共用する構造及び設備を主とする施設を設け，宿泊料を受けて，人を宿泊させる営業で，下宿営業以外のものをいう」

となっている。そのため，一月以上の期間を単位とせず，宿泊する場所を多人数で共用しない，和式の構造や設備を主とした宿泊施設が旅館ということになる。

　ここで，旅館営業を規定する条文のうち，「和式の構造及び設備」というのは，同法第三条第2項に基づき，旅館業法施行令に記載されている。すなわち，旅館業法施行令第一条第2項によれば，

　　一　客室の数は，五室以上であること。
　　二　和式の構造設備による客室の床面積は，それぞれ七平方メートル以上であること。
　　三　洋式の構造設備による客室は，前項第二号に該当するものであること[1]。
　　四　宿泊しようとする者との面接に適する玄関帳場その他これに類する設

備を有すること。
五　適当な換気，採光，照明，防湿及び排水の設備を有すること。
六　当該施設に近接して公衆浴場がある等入浴に支障を来さないと認められる場合を除き，宿泊者の需要を満たすことができる適当な規模の入浴設備を有すること。
七　宿泊者の需要を満たすことができる適当な規模の洗面設備を有すること。
八　適当な数の便所を有すること。
九　当該施設の設置場所が第一条学校等の敷地の周囲おおむね百メートルの区域内にある場合には，当該第一条学校等から客室又は客にダンスをさせ，かつ，客に飲食をさせるホール若しくは射幸心をそそるおそれがある遊技をさせるホールその他の設備の内部を見通すことを遮ることができる設備を有すること。
十　その他都道府県が条例で定める構造設備の基準に適合すること。

となっており，この基準を満たせない施設は，旅館として営業許可を取ることはできない。

　なお，気づきにくい点であるが，ここの「九」に対応するものとして，旅館業法の第三条第3項では，大学以外の学校や児童福祉施設などの施設や，それらが設置されると決定している敷地の周囲約100m以内では，環境上の問題から許可されないこともあると規定されている。

（2）旅館の建築

　かつての旅館は，都市部立地でビジネス客向けの「駅前旅館」や，同じく都市部立地で料理に力を入れる「割烹旅館」など，さまざまなものが存在したが，今では，一部の例外を除けば，温泉街を中心とした立地の「温泉旅館」のみとなっている。

　実際の旅館は，建物の構造で，
・木　造

写真6-1　木造建築の旅館例（妙見温泉・忘れの里 雅叙苑）

出所：以下，特記以外いずれも著者撮影。

・鉄筋・鉄骨コンクリート

に大きく分けることができる。

　木造の場合には平屋または2階建てが多く，まれに3階建てのものも存在する。鉄筋・鉄骨コンクリートのものは，3階建て以上のものがほとんどであるが，一部平屋または2階建てのものも存在する。高層建築となった場合でも，概観に瓦屋根を用いるなどして和風の雰囲気をかもし出している。

　写真6-1は鹿児島，妙見温泉の「忘れの里 雅叙苑」である。茅葺屋根や瓦屋根の旧き佳き日本建築が立ち並んでおり，まるで昔の日本にタイムスリップしたかのようである。ここは，一部を除いて1棟1棟が離れ形式になっている。雅叙苑については，ケーススタディで詳しく説明しているので，そちらも参考にして欲しい。

　写真6-2は石川県和倉温泉の「加賀屋」である。左の12階建てが「能登渚亭」であり，中央の20階建てが「雪月花」と名付けられている。どちらの

写真6－2　高層建築の旅館例（和倉温泉・加賀屋）

建物もかなり高層であるが，いずれも和風の屋根を乗せるなどして，旅館の雰囲気を演出している。

(3) 旅館の客室

　インテリアももちろん和風を基本としている。つまり，客室内は畳敷きで，夜は布団で寝るスタイルであることが多い。多くの場合，客室の中央に大きなテーブルが配置されており，それを囲むように座椅子と座布団が置かれている。

　夜はそのテーブルを適当なスペースに移動させるなどして，布団を敷くことになる。一部の施設では，最初から布団もセッティングされていることもある。この場合には，勝手にスタッフが部屋に入ってこないから気が楽というお客様の意見も聞く。

　旅館業法施行令第一条第2項の二にあるように，和室は7 m^2 以上なければならない。1坪（2畳）は約3.3 m^2 であるから，1室最低4畳半の広さが必要と

写真6-3　テーブルと座椅子などがセットされた客室（別邸　仙寿庵）

される。

　ただし，この広さでは，あまりに狭くて競争力を保てないため，一般的な客室では，8畳，10畳，12.5畳の主たる部屋があり，窓側には広縁，入り口側にはトイレや場合によってはUB（ユーティリティ・バス）などが設置されている（図表6-1左）。このタイプの客室の場合には，夕食時までは部屋の中央にテーブルが置かれ，夕食後，または別のスペースで夕食を摂る際には夕食中に，テーブルが片付けられ，布団が敷かれることが多い。

　高価格帯の客室には，前室として，4畳，5畳，6畳程度の部屋が別途用意されていることもある（図表6-1右）。

写真6－4　畳敷きの部屋に布団の例（大江戸温泉物語あたみ）

図表6－1　一般的な和室（左）と，前室のある和室（右）

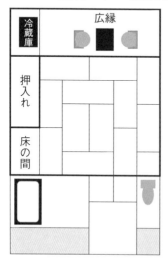
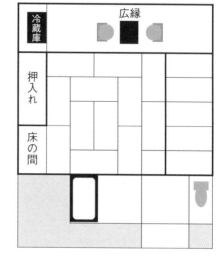

出所：著者作成。

第6章　ホスピタリティ施設の概要　◎── 103

写真6－5　ベッドのある客室（扉温泉・明神館）

出所：明神館提供。

　畳も，一般的な畳とは異なり，「へり」のない，いわゆる「琉球畳」と呼ばれる畳を利用することもある。
　最近では，一部高価格帯の施設を中心に，ベッドを導入しているケースも増えてきた。その場合には畳の上にベッドを置くこともあるが，多くは畳のスペースとは別に，ベッドのスペースを用意している。

（4）旅館における客室の配置
　通常，旅館の客室は一つの建物の中に複数設置されるのが一般的である。そして，多くは一タイプの客室だけでなく，複数種類の客室を用意している。
　図表6－2の例でいえば，101号，102号，201号，202号がベーシックタイプの客室である。103号〜105号と203号〜205号は，それよりやや広いデラックスタイプである。図表6－1右のように，少し広いタイプの客室が想定される。301号はベーシックタイプ2室分の広さが確保されており，302号はデ

図表6-2　旅館の客室配置例

3階	301号		302号		
2階	201号	202号	203号	204号	205号
1階	101号	102号	103号	104号	105号

出所：著者作成。

ラックスタイプ3室分の広さの最上級客室となる。

　また，旅館によっては，きわめて高価格帯の客室をこのような一つの建物の中に配置するのではなく，写真6-1の雅叙苑のように，離れ形式となることもある。雅叙苑はほとんどの客室が離れ形式であるが，大多数の客室を一つの建物に収容したうえで，一部の高価格帯の客室のみ離れ形式とすることもある。あるいは，完全な離れでなくても，雅叙苑の一部客室のように，2室が一つの建物に収容されているケースも見受けられる。

　このような離れかそれに準ずる客室の場合には，専用の露天風呂が付くことも多い。

　一般に，専用露天風呂が付いている部屋は高価格帯であることがほとんどである。これは，一般客室との差別化を図るためという側面もあるが，清掃を含むメンテナンスのコストを考えれば当然のことでもある。

　しかし，余計なサービスを排除して徹底したコスト削減を実現することによって，全客室に露天風呂が付いていながら，比較的利用しやすい価格でのサービス提供に成功した施設も出現してきている（写真6-6，6-7）。

第 6 章　ホスピタリティ施設の概要　◎── 105

写真 6 − 6　全室露天風呂付きの「季の湯 雪月花」

写真 6 − 7　「季の湯 雪月花」の客室専用露天風呂

(5) 大浴場

ほとんどの旅館には大浴場がついている。この大浴場こそが旅館の醍醐味であるという人さえいる。客室に専用露天風呂が付いていたとしても，それとは別に大浴場を用意するのがほとんどである。

大浴場は，室内だけの場合と，露天風呂も併設している場合とがある。

写真6－8　複数の巨大な露天風呂を持つ「寶川温泉 汪泉閣」

また，さまざまに趣向を凝らした大浴場を用意して，お客様に楽しんでもらおうと努めている施設も多い。「扉温泉 明神館」では，通常の男女別大浴場に露天風呂が併設されている他，男女別の「立ち湯」という立ったまま湯船に浸かっていられる温泉や，「寝湯」という横になってゆったりと浸かれる湯船も用意している。

第6章 ホスピタリティ施設の概要　◎──　107

写真6－9　「扉温泉 明神館」の「立ち湯」

出所：明神館提供。

　なお，旅館業法施行令第一条第2項の六には，「当該施設に近接して公衆浴場がある等入浴に支障を来さないと認められる場合を除き，宿泊者の需要を満たすことができる適当な規模の入浴設備」の設置が求められている。この，「当該施設に近接」した「公衆浴場」というのは，かつての温泉街の状況を示唆している。
　昔の温泉街では，各旅館が温泉の大浴場を持っていたわけではない。「総湯」や「元湯」と呼ばれる共同浴場を中心として温泉街が形成され，来訪客は皆，宿泊している旅館から共同浴場に入りに行くのが基本となっていた。すなわち，共同浴場を中心に，宿泊と一部の食事を旅館が，それ以外の食事を飲食店が，アミューズメント要素を遊戯施設が，土産物については土産物屋が，それぞれ役割分担をして成り立っていたのである。その結果として温泉街では来訪客の回遊が生じ，温泉街としての賑わいが形成されていた。
　今の旅館，特に大型の旅館は，こうしたかつての「温泉街」の要素をすべて自社施設内に取り込んでしまったともいえる。

写真6-10 山代温泉の「総湯」を復元した「古総湯」

(6) 料飲サービス施設

　旅館では,「部屋食」といって,宿泊する客室で料理をいただくことも多い。むしろ,かつてはそれが基本であったという側面もある。この形式は,昔の日本の生活スタイルがもとになっていると思われる。すなわち,一家が生活する場は,昼間は「卓袱台」が置かれており,その周囲で憩いの時間を過ごすが,そこで一家で食事もし,食後は卓袱台を片付けて,そこに布団を敷いて寝るというスタイルである。

　しかし最近では,生活の洋風化が進んだこともあり,食事はダイニングで,くつろぐのはリビングで,そして寝るのはそれぞれの部屋でといったように,部屋ごとに使用法が異なるようになってきた。旅館でもそれに対応するように,食事を取るためのスペースを別に設けることが多くなってきた。

　大部屋でいただくこともあれば,食事処も個室になっている場合もある。また,双方の中間的な半個室仕様としているケースも多い。

写真6-11　半個室仕様の「指宿白水館」(他にも多様な食事処がある)

(7) その他

　旅館業法施行令第一条第2項の四にあるように,「宿泊しようとする者との面接に適する玄関帳場その他これに類する設備」が必要とされる。そのためにフロントやロビーが設置されることになる。

写真6-12 「稲取銀水荘」のフロントとロビー

写真6－13 「指宿白水館」の美術館・多目的施設「薩摩伝承館」

　最近の，特に小規模な旅館では，フロントでチェックインを行うのではなく，先に客室にお客様をお通ししたうえで，客室で宿帳の記入などを行っていただくことが多くなってきた。そのため，フロントの規模は縮小傾向にあり，また，ロビーもプライベート感を高めるなど，さまざまに変化してきつつある。あるいは，既に大規模なロビーを持っている場合には，このロビーをさまざまに活用する方向性も垣間見られる。

　旅館には他に，宴会場やアミューズメントの設備が設けられることも多い。かつては卓球やゲームコーナーが定番であったが，近年では美術館を設置するようなケースまで存在する。

3．ホテルの施設と設備

（1）概　要

　わが国では，ホテルも旅館業法によって規定されている。旅館業法第二条によれば，ホテルは，

　　「洋式の構造及び設備を主とする施設を設け，宿泊料を受けて，人を宿泊させる営業で，簡易宿所営業及び下宿営業以外のものをいう」（第2項）

としている。旅館との条文上の相違点は，「和式」が「洋式」になっただけである。

　ここでの「洋式の構造及び設備」というのも，第三条第2項に基づき，旅館業法施行令に記載されているが，旅館営業とはやや異なっている。すなわち，旅館業法施行令第一条第1項によれば，

　一　客室の数は，十室以上であること。
　二　洋式の構造設備による客室は，次の要件を満たすものであること。
　　　イ　一客室の床面積は，九平方メートル以上であること。
　　　ロ　寝具は，洋式のものであること。
　　　ハ　出入口及び窓は，鍵をかけることができるものであること。
　　　ニ　出入口及び窓を除き，客室と他の客室，廊下等との境は，壁造りであること。
　三　和式の構造設備による客室は，次項第二号に該当するものであること[2)]。
　四　宿泊しようとする者との面接に適する玄関帳場その他これに類する設備を有すること。
　五　適当な換気，採光，照明，防湿及び排水の設備を有すること。
　六　宿泊者の需要を満たすことができる適当な数の洋式浴室又はシャワー室を有すること。
　七　宿泊者の需要を満たすことができる適当な規模の洗面設備を有するこ

八　当該施設の規模に応じた適当な暖房の設備があること。

九　便所は，水洗式であり，かつ，座便式のものがあり，共同用のものにあつては，男子用及び女子用の区分があること。

十　当該施設の設置場所が法第三条第三項 各号に掲げる施設（以下「第一条学校等」という。）の敷地（これらの用に供するものと決定した土地を含む。以下同じ。）の周囲おおむね百メートルの区域内にある場合には，当該第一条学校等から客室又は客にダンスをさせ，かつ，客に飲食をさせるホール若しくは射幸心をそそるおそれがある遊技をさせるホールその他の設備の内部を見通すことを遮ることができる設備を有すること。

十一　その他都道府県（保健所を設置する市又は特別区にあつては，市又は特別区。以下同じ。）が条例で定める構造設備の基準に適合すること。

となっている。

これを，旅館営業と比較すると，図表6－3のようになる。ホテル営業よりも旅館営業の方が，

・室数と広さ
・寝具の規定
・出入口や窓の規定
・客室の周囲の構造
・入浴設備
・便　所

の要素において，自由度が高くなっていることが理解できるだろう。

図表6−3　旅館営業とホテル営業

	旅館営業	ホテル営業
客室数	5室以上	9室以上
1室床面積	7㎡以上	9㎡以上
寝　具		ベッド
出入口及び窓		鍵付き
客室の周囲		壁造り
玄関帳場	必　要	必　要
換気，採光，照明，防湿，排水の各設備	必　要	必　要
入浴設備	近くに公衆浴場がなければ，適当な規模の入浴設備	洋式浴室またはシャワー
洗面設備	必　要	必　要
便　所	適当な数	水洗，洋式トイレ，共用の場合は男女別

出所：各法の条文より著者作成。

　立地上の規制については，旅館と同様である。

（2）ホテルの分類

　ホテルと名称がつく施設は，きわめて多様である。前項で紹介した旅館にも，「＊＊観光ホテル」や「＊＊温泉ホテル」といった名称が冠されている施設が多い。

　ホテルと冠されている事実上の旅館は別として，わが国では伝統的に，まず立地において都市部のホテルと観光地のホテルに分けて把握してきた。そのうえで，観光地を「リゾートホテル」，都市部の高価格帯を「シティホテル」，低価格帯を「ビジネスホテル」と分類する傾向が主流であった。

図表6－4　わが国における伝統的なホテルの分類

		立　地	
		都市部	観光地
価格帯	高価格	シティホテル	リゾートホテル
	低価格	ビジネスホテル	

出所：著者作成。

　しかし，世界的な潮流としては，価格帯によって5段階に分類することが多くなっている。すなわち，高価格帯から順に，

- ラグジュアリー
- アップスケール
- ミッドプライス
- エコノミー
- バジェット

の5つである。そして，それぞれが都市部や郊外，あるいはリゾートといった立地や，料飲サービス施設や宴会場の有無といった付帯サービスの有無，さらには規模の大小によって分けられることになる（図表6－5）。

図表6-5 ホテルの分類例

		立　地		
		都　市	リゾート	
			施設規模大	施設規模小
価格帯	ラグジュアリー	Peninsula, Ritz-Carlton, Raffles, Waldorf=Astoria	Winn, Sans	Aman, Banyan Tree, Six Senses, 星のや
		Four Seasons, Inter Continental, J. W. Marriott, Conrad, Park Hyatt, Grand Hyatt, Mandarin Oriental, Shangri-la, Jumeirah		
	アップスケール	Crown Plaza, 帝国, オークラ	界	
		Hilton, Mariott, Hyatt Regency, Westin, Traders, 東急ホテル		
	ミッドプライス	プリンスホテル		
		三井ガーデン, エクセル東急	Club Med	
	エコノミー	ヴィラフォンテーヌ, ビズフォート	大江戸温泉物語	
	バジェット	東横イン	湯快リゾート, 伊東園グループ	
		APAホテル		

（注）いずれも略称，一部の例外的なものを除く。
出所：著者作成。

（3）ホテルの客室

　ホテルは，客室単位で取引がなされるため，基本的に客室のグレードによって施設全体のグレードも決定されることになる。

　都市部におけるホテルの場合には，比較的高価格帯の施設が宿泊以外にレストランやバーなどの料飲サービス施設，宴会場などを持つ「フルサービス型」，比較的低価格帯の施設が宿泊を軸とした「リミテッドサービス型」の事業形態

を取っていることが多い。ただ、きわめて高価格のラグジュアリー・クラスになると、料飲サービス施設もごく少数、宴会場も持たないか、あっても1～2箇所ということもある。そのため、実際には図表6－6のようになる。

図表6－6　価格帯による分類とサービスの幅

価格帯による分類	バジェット Budget	エコノミー Economy	ミッドプライス Midprice	アップスケール Upscale	ラグジュアリー Luxury
機能による分類			フル・サービス		
	リミテッド・サービス				リミテッド・サービス

出所：著者作成。

リミテッドサービス型の施設は、客室のタイプも少なく、せいぜい2～3タイプしかないこともある一方、フルサービス型はきわめて多様な客室を用意していることも多い。ラックレート（定価）で比較すると、最低価格帯の客室と最高価格帯のそれとでは、10倍以上もの差が生じることも珍しくない。また、相対的に高価格帯の客室は、特別フロアとして、専用ラウンジの利用などの特典がつくこともある。

図表6－7　客室のラインナップ例

	客室名	専有面積	部屋数	ラックレート
クラブフロア（専用ラウンジなどの利用可）	プレジデンシャルスイート	240㎡	5	500,000円
	エグゼクティブスイート	120㎡	3	200,000円
	クラブスイート	80㎡	2	100,000円
	デラックス	40㎡	1	40,000円
一般フロア	ジュニアスイート	65㎡	1.5	55,000円
	スーペリア	55㎡	1	45,000円
	スタンダード	40㎡	1	35,000円

出所：著者作成。

一般的な客室は，客室内に入るとすぐ横にバスルームがあり，奥に進むと居室となっている。居室内にはベッドや机，ソファなどが設置されている（図表6－8）。

図表6－8　一般的な客室例

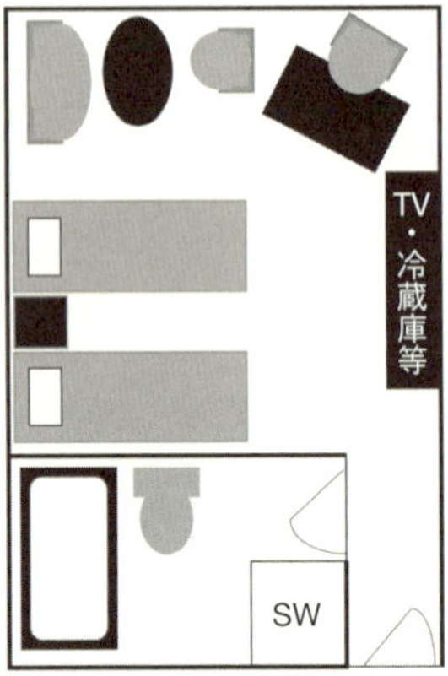

出所：著者作成。

写真6－14　一般的な客室例（シングルルーム）

写真6−15 一般的な客室例（シングルルーム）

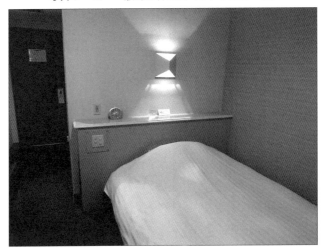

　特別な客室の場合には，リビングスペースがあったり，外が眺められるバスルームがあったり，場合によっては和室が用意されていたりすることもある。リビングスペースとベッドスペースが厳然と分けられている場合にはスイートルームと呼ばれる客室となるが，図表6−9も図表6−10も，いずれもスイートタイプの客室である。

図表6-9 目黒雅叙園の客室例（2016年3月現在）

図表6-10 目黒雅叙園の客室例2（2016年3月現在）

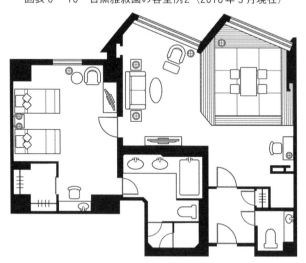

出所：いずれも株式会社目黒雅叙園提供。

写真6-16　室内にプールのある客室（Banyan Tree Macau）

　中には，客室内にプールを設置するといった，凝った内装にしているケースも存在する。

　こうした客室が，客室階に並べられることになる。そこで，次に客室の並べ方について検討する。

　客室のスパンは全体の構造にも関係するため，客室の広さや配置はきわめて重要な問題である。基本的には間口をあまり変更せず，基準客室の整数倍で客室バリエーションを構成するのが自然である。ここでは，並べ方の理解のために，基準客室が多い場合で説明する。

　フロア内の客室の配置は，これまでさまざまなものが検討されてきた。可能な限り広く客室の面積を確保する一方で，エレベーターから各室への距離を可能な限り短くすることがポイントとなる。また，各客室の眺望にも配慮が必要となる。極端に景色の悪い客室ができてしまうと，どうしてもその部屋の単価は高く設定しにくくなってしまうからである。

図表6－11の一文字型で片廊下のタイプは，マンションやアパートなどではよく見るが，ホテルではあまり見られない。一般には図表6－12のような中廊下型が多い。

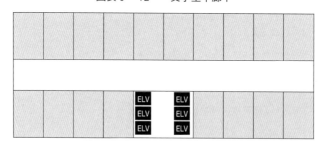

図表6－11　一文字型片廊下

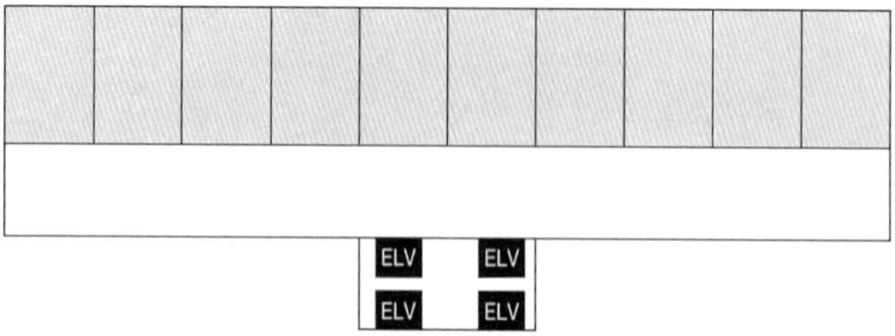

出所：図表6－18まで，いずれも著者作成。

図表6－12　一文字型中廊下

　これは，片廊下型の場合には開口部ができることが多く，セキュリティやプライバシー上の問題があるためと，有効面積比率が比較的少なくなってしまい，スペース効率が必ずしも良くないためである。
　なお，このような一文字に客室を並べる場合には，エレベーターの位置には注意する必要がある。いずれの場合でも，エレベーターの位置が建物の一番端に設置された場合には，エレベーターの近くは便利だが，一方でエレベーターからきわめて遠い客室が出現することになる。その上，エレベーター近くの客室は，それ以外のすべての客室の客が，自身の部屋の前かすぐ近くを通ること

になり，落ち着かなくなる可能性がある。

　宴会場が大きいなど，低層部である基壇部の面積が大きい場合や，敷地面積に比較的ゆとりがあるような場合には，L字型やコの字型が用いられる。スペース効率も良いが，一部の客室からの景色が自身の泊まっているホテルの建物になってしまうことと，他の客室が見えてしまうことが欠点である。L字型の場合には一般に，エレベーターは頂点の内側か外側に設けられることが多い。

図表6－13　L字型片廊下

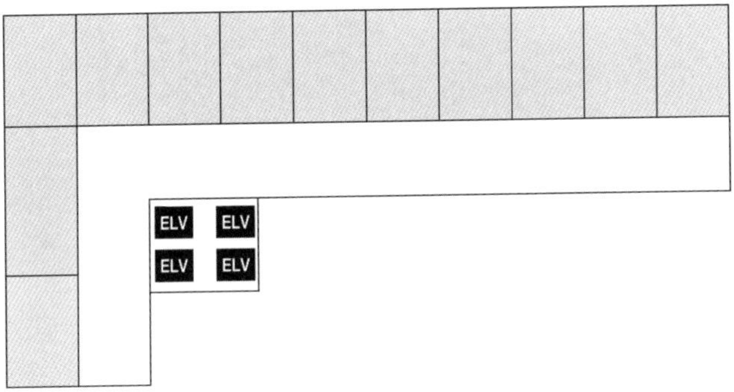

図表6－14　L字型中廊下

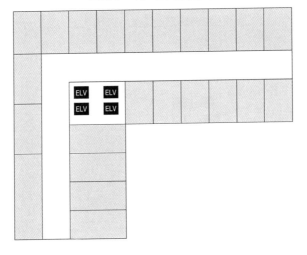

写真6−17　L字型の例：ハイアットリージェンシー東京

図表6−15　コの字型

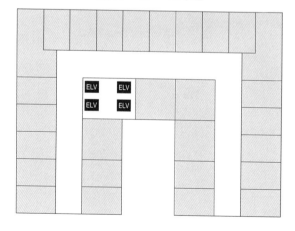

この派生的なタイプとしては，T字型や十字型も挙げられよう。いずれも，エレベーターからもっとも遠い客室までの距離を比較的均等にできるというメリットがあるが，L字型やコの字型と同様，景色面でのデメリットが生じてしまう点には注意が必要である。

図表6－16　T字型

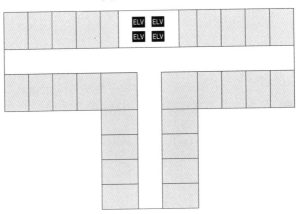

図表6－17　十字型

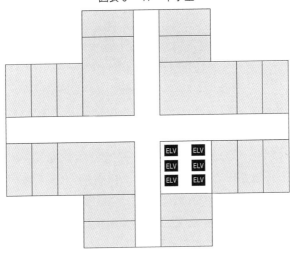

また，L字型，コの字型，T字型，十字型いずれにも共通するのは，凹んでいる部分の処理である。隣室とつなげて広い客室としたり，バックヤードとして用いるなどしないと，窓のない客室ができてしまう。

　最近開業した高価格帯のラグジュアリー・ホテルでしばしば見られるのが，ロの字型の配置である。このタイプは，スペース効率が必ずしも高くはないが，全室が180度以上の眺望を得られるというメリットがある。ただし，ロで囲まれた内側には，窓のない客室以外は設置できないため，バックヤードで使うなど，なにがしかの工夫が必要となる。

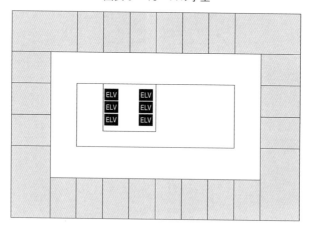

図表6－18　ロの字型

　2014（平成26）年に部分開業したAman Tokyoは，大手町タワーの最上部33階から38階に位置している。33階がロビーとレストラン，34階がスパなどの入り口で，35階から38階の4フロアに84室の客室を設置している。いずれの階もロの字型に配置されているが，ロの字の内部をロビー上部の吹き抜けとして，きわめて開放的な雰囲気を醸し出すことに成功している。

　しかし，このような利用法は，大変贅沢であるのは確かだが，その分を客室に当てる場合と比べて，当然のことながらスペース効率としてはきわめて悪い

写真6-18 Aman Tokyoのロビー

ものとなってしまうことが多く,可能なケースは限定的であると思われる。

他にも,円形や三角形に客室を配置するケースも存在する。円形はプリンスホテルの系列ホテルが一時多用していた。入り口寄りのスペースはやや狭くても,窓に向かって末広がりの客室構成となることから,実際の面積よりも広く見えることも多いことがメリットとなる。バスルームが狭くなってしまう傾向があるのが難点である。

三角形の場合には,各頂点に接する客室がイレギュラーな大きさや形になることが難点となる。その客室についてはスイートルームのような特別室にするか,避難経路やバックヤードにするといった配慮が求められる。

写真6-19　全室専用プール付きのヴィラ（Banyan Tree Samui）

　なお，リゾートホテルの客室構成も，上記の内容と大差はない。ただし，都市部ではまず見られないものとして，「ヴィラ」や「コテージ」，「シャレー」と呼ばれる建物がある。

　高価格帯のリゾートホテル客室は，旅館でいうところの「離れ」と同様，1棟1棟が独立した形式で存在していることがある。これをヴィラやコテージなどと呼ぶが，中には，すべての客室がヴィラとなっているものも存在する。

（4）客室内設備

　客室内諸要素としてはベッド，机，ソファなどがあるが，こういった要素での差別化は難しい。ウェスティンでは「ヘブンリー・ベッド」というブランディングに成功したが，これはむしろ例外的である。

　最近の差別化が激しいのは，むしろバスルームである。バスルーム内の要素としては，

(a) 洗面器／洗面台
(b) バスタブ
(c) シャワー
(d) トイレ
(e) その他

となるだろう。

　一般のマンションなどで見られるようなユニットバス方式のものもあるが、ホテルでもっとも基本的なものは、(a)と(c)を設置した(b)、そして(d)を「川の字」に並べたスタイルだろう。コンパクトに効率よくまとまり、かつ配管類が同じ側に設置できるというメリットがある。同じタイプで線対称の客室を並

写真6－20　基本的な「川の字」スタイルのバスルーム

写真6-21　ダブル・シンク（写真6-22ともBanyan Tree Macau）

べれば，さらに配管をまとめることも可能であり，きわめて効率的な配置であるといえる。

　このうち，(a) 洗面器／洗面台を2台構成とした「ツイン・シンク／ダブル・シンク」や，(b) バスタブに(c) シャワーを付属させるだけではなく，別途設置される「シャワーブース」は，ラグジュアリー・クラスにおいて必須の設備となってきている。

　最近では(c) シャワーの多機能化も進み，マッサージなどのさまざまな機能を備えた多機能・高機能シャワーも増えてきている。さらに，天井から滝のようにお湯が流れる「レイン・シャワー」も多くなり，2人で一緒にシャワーを浴びることができる「ツイン・シャワー」まで出現している。

写真 6 − 22　ツイン・シャワーとツイン・レイン・シャワー

　また，(e) その他の要素として，座って化粧直しができるパウダースペースが設けられたり，ドリンクが置ける台や，ドリンクホルダーの用意もされていたりする。さらには，テレビが設置され，ゆったりとした時間を過ごすことができるようになっているケースもある。
　超高層ホテルやリゾートホテルでは，バスルームから外が見えるようになっているものもある。

図表6-19　パークハイアット東京のバスルーム

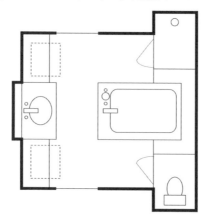

出所：建築思潮研究所編（1996），p.24をもとに一部改変。

写真6-23　外が見えるバスルーム（Banyan Tree Macau）

あるいは，リゾートのヴィラの場合には，専用のプールがついていたり，海上に立地する水上コテージや水上ヴィラとなっていたりするものも存在する。

写真 6 − 24　プライベートプール付きのヴィラ（The Naka Island）

写真 6 − 25　プール付きの水上ヴィラ（Jumeirah Vittaveli）

(5) エントランスやロビーなどのパブリック・スペースと料飲, 宴会

エントランス周りは, いわばその施設の顔である。そのため, 各施設ともに豪華な雰囲気や地域性を演出したり, さまざまな工夫を凝らしている。お客様はこのエントランスで自動車やバスを降りてホテル内に入っていく。そのため, 施設規模に応じて, どの程度の広さが必要であるかは事前に十分に検討しておく必要がある。

ロビーも施設の顔であるという点では同様である。ただ, ロビーは施設内ではあるが, 直接売上にはつながりにくいスペースであるということも念頭に置く必要がある。意外と忘れられがちなのは, 開口部, すなわち窓の大きさによって, 昼と夜との顔がまったく異なるのがロビーであるという点である。

写真6－26　地域性を感じるエントランス（Madinat Jumeirah Al Qasr）

写真6－27　野性味あふれるエントランス（Madikwe Hills）

写真6－28　エントランス，ロビー，プール，海（Heritance Ahungalla）

写真6-29　伝統と格式のあるロビー（The Peninsula Hong Kong）

写真6-30　豪華さを演出したロビー（Kowloon Shangri-la）

写真 6 − 31　豪壮さが強調されたロビー（Jumeirah at Etihad Towers）

写真 6 − 32　地域性を感じるロビー（Mandarin Oriental Bangkok）

また，かつてのフルサービス型ホテルにおける料飲部門は，

- メインダイニングのフランス料理
- それ以外の洋レストラン
- 中華料理
- 和　食
- コーヒーショップ
- ラウンジ
- メインバー

をそれぞれ１～２つずつ揃えるというのが一般的であり，いわゆるビジネスホテルではバーを兼用したコーヒーショップ的な施設を設置する傾向があった。

　近年では，宿泊特化型という料飲サービス施設をまったく持たないホテルも増えてきている。また，一部で宿泊主体型と呼ばれる，簡単な料理を提供する設備のみ用意しているケースも多い。さらに，ラグジュアリー・クラスでは，レストラン１～２箇所，ラウンジ・バーが１箇所程度のケースもある。

　なお，料飲の施設面については，本章の４で詳述する。

　宴会については，顧客が社用，私用に大きく分けられるうえに，その目的も多岐にわたるのがホテルの特徴である。そのため，大規模なホテルでは多様な大きさの宴会場を多数揃えざるをえなくなる。また，ブライダルの需要に応えるために，チャペルや神殿などを設置する必要が生じることもある。

　ロビーを中心に，料飲サービス施設や宴会場が配置されることになるが，宿泊客が落ち着きを求める傾向が高い一方で，料飲サービスや宴会のお客様は，比較的賑やかになる傾向がある。そのため，動線を分けるなどの工夫が求められることになる。この点については，本章の５でも検討する。

（６）ホテル内各施設の配置と建物

　最後に，こうした客室とそれ以外の施設を，どのようにして建物内に収容するかを考察する。

フルサービス型の場合には、施設ごとに必要とする床面積が異なる。特に、宴会場は広い床面積が必要となる一方、客室階の床面積は、必ずしもそれほどの広さを必要としない。また、客室への人の出入りは一度になされないが、宴会場には一度に大勢の人が出入りすることになる。

そのため、図表6－20のように、宴会場やレストランなどを下層階の基壇部に置き、広い床面積を確保しつつ、客室は上層階にセットバックする形でタワー部として配置するパターンが採用されることが多い。この方法であれば、下層部は敷地いっぱいに建設しても、上層部はセットバックして建設されるため、容積率の余剰分を上層階に向けることができ、その分ホテルの客室階を高層化することが可能にもなる。

一方、近年のホテルは、一棟まるごとビルとして使用することは少なく、下層階をオフィスに、上層階をホテルにとすることが多くなってきた。その場合には、図表6－21のような配置となる。

図表6－20　フルサービス型ホテルの施設配置イメージ

出所：著者作成。

図表6－21　オフィスとの複合ビルのイメージ

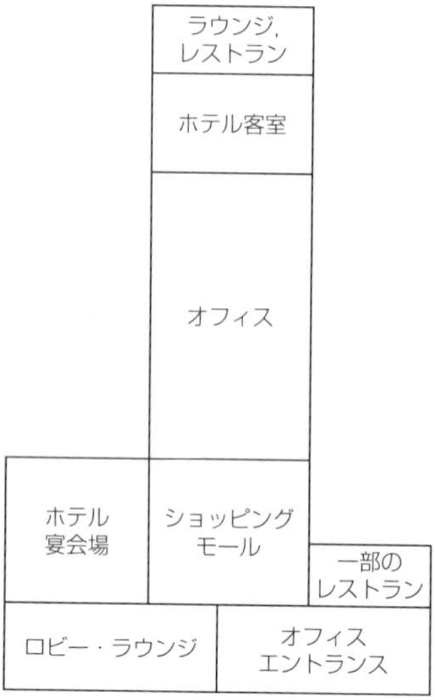

	ラウンジ, レストラン	
	ホテル客室	
	オフィス	
ホテル宴会場	ショッピングモール	一部のレストラン
ロビー・ラウンジ	オフィスエントランス	

出所：著者作成。

　この建物は，そのホテルの特性に合わせて外装もデザインされる。近未来的な外観にすることもあれば，重厚感を感じるようなデザインになることもある。また，機能本位になることもあるし，西洋建築の様式を取り入れることもある。

　最近は，図表6－21のように，ホテル単体の建物ではないことが多くなってきたこともあり，ホテルだけで建物の雰囲気を確定できなくなってきつつある。ただし，その場合でも，計画段階からコミットすることで，ホテルとしての雰囲気をある程度出せるようになっている。

　リゾートの場合には，建物の雰囲気も商品そのものを構成する。そのため，その地域の特性や滞在の目的に合わせた外装が施されることが多い。

　世界に目を向けると，例えばスリランカを中心にホテルを多く設計したジェフリー・バワによる建物には，自然環境を大いに活かした興味深いものが多い。海を意識した施設や，1km近い幅がありながら，森に埋もれるようにして建てられているものもある。

写真6-33 木々に埋もれるホテル（Heritance Kandalama）

写真6-34 サファリに溶け込むホテル（Madikwe Hills）

　一方，その立地の都合上，建材や構法に制約が存在するケースも多い。自然保護区などに立地している場合には特にそうである。

ケーススタディ①：土地の文脈を…「忘れの里 雅叙苑」

　鹿児島空港から車で約20分，清流・天降川に沿って山間を行くと，妙見温泉のこじんまりした温泉街が見えてくる。その中ほどにあるのが「忘れの里 雅叙苑」である。
　ここは日本の原風景のような建物が並んでいる。歩を進めると，まるで，はるか昔にタイムスリップしたかのような錯覚にとらわれる。

写真6−35　忘れの里 雅叙苑：帳場・茶房不忘舎周辺

©Fabrice CHASSERY

第6章 ホスピタリティ施設の概要 ◎―― 143

写真6-36 忘れの里 雅叙苑：炊事棟周辺

©Fabrice CHASSERY

建物それぞれが宿泊棟や炊事棟，食事棟と機能的に造られており，まるで昔の日本における村の中のような生活を体験できるのが，「忘れの里 雅叙苑」である。

　伝統的な日本家屋といっても，そのままでは現代の生活習慣とは合わない。そのため，内部は大変快適な室内にリノベーションされている。

　例えば，「椿」という部屋には，「お風呂リビング」というスペースがある。温泉を用いた床暖房が設置され，寒い冬でもゆっくりとお風呂の魅力を味わえる仕掛けになっている。

写真6－37　「椿」の間・お風呂リビング

©Fabrice CHASSERY

さらに、この辺りは昔から、卵の供給源としても、肉の供給源としても鶏が大切にされてきたため、この宿では鶏料理を名産品として提供している。そして、実際に数羽の鶏を宿周辺で飼ってもいる。さらに、そういった諸要素を象徴するように、ここには「にわとり優先」の道まである。

写真6－38　にわとり優先の道路

出所：著者撮影。

いずれも、「旧き佳き日本」を味わうためにさまざまな演出を施しつつも、現代に合わせた使いやすいスペースにするために、逐次手を入れている。そして、その根底にあるのはいずれも「その土地の文脈」を大切にするということである。

この土地で昔から大切にされてきた鶏を象徴的に提示しつつ、近隣の古民家を客室として再生し、それぞれを時代の変化に合わせて改良を加えつつ、快適な時間を過ごせるように工夫している。まさに、ハードとソフトとの見事な融合の事例であるといえよう。

図表6－22　雅叙苑・園内マップ

出所：雅叙苑提供。

ケーススタディ②：究極の離れ形式 … 「天空の森」

　雅叙苑の系列である天空の森は，雅叙苑から車で約10分，鹿児島空港から車で約20分程度のところにある。
　ちょっと油断していると，通り過ぎてしまいそうな何気ない入り口から，物語はスタートする。

写真6－39　天空の森エントランス

出所：著者撮影。

　このエントランスから敷地となり，専用車で上がっていくことになるが，この上り坂のアプローチは，見事な竹林に囲まれている。
　そして，それを上りきったところからは，見事な景色が望めるようになって

写真 6 − 40　竹林のアプローチとアプローチ上の展望

出所：上：ⓒFabrice CHASSERY，下：著者撮影。

いる。

　その後，専用車で敷地内をめぐると，パビリオンと呼ばれる多目的施設の前でスタッフたちの歓迎を受けることになる。ここは，レストランやコンサートなどのイベントスペースとしても用いられる場所である。

写真6-41　スタッフによるウェルカム

出所：著者撮影。

　客室はすべてヴィラ形式，すなわち，各客室が独立した形式である。ただし，他のホテルや旅館とは異なり，建物は全面が大きな窓で覆われている。もちろんカーテンはあるが，ここまで開放的なヴィラも珍しい。

写真6－42　ヴィラの一例

©Fabrice CHASSERY

　各ヴィラには，専用の露天風呂がついており，源泉掛け流しのお風呂にいつでも入ることができる。しかし，ここの露天風呂も普通とは大きく異なっている。一般に，客室専用の露天風呂には，目隠しが設置され，一部からしか景色を楽しむことはできない。あるいは，全面を囲われて，空しか見えないケースも多い。
　ところが，ここは，遠くの山々までずっと景色を楽しむことができるような設計となっている。つまり，一切の遮蔽物は存在しない。

写真6－43　ヴィラの露天風呂

©Fabrice CHASSERY

ここは，東京ドーム13個分とも18個分ともいわれる広大な敷地を持つが，宿泊用のヴィラが3棟，日帰り用デイユース・ヴィラが2棟，ゲストハウス専用ヴィラが1棟しか存在しない。しかしこれも，単に贅沢を演出するためなのではない。

　この圧倒的に贅沢な敷地の利用は，人間性を回復させ，「裸が正装」というコンセプトを実現するためのものである。すなわち，隣のヴィラをはじめとする他者の視線を一切気にすることなく，ゆったりとお湯と自然に親しめるよう，常に裸でいられる環境を実現するために，このような施設構成となっている。

写真6－44　頂上エリア

ⒸFabrice CHASSERY

広大な施設構成にばかり目が奪われがちであるが、日本の良さ、鹿児島の良さを全身で味わってもらうための施設構成という前提があってこそ、「天空の森」の人気は守られているといえるだろう。

図表6－23　天空の森マップ

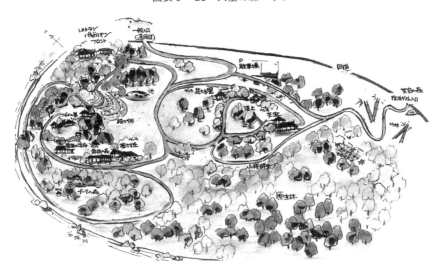

出所：天空の森提供。

取材協力：雅叙苑観光有限会社
代表取締役　田島　健夫　氏
女　将　田島　悦子　氏
ディレクター　シャスリー　範子　氏
写真提供：Fabrice Chassery 氏

4．料飲サービス施設

　レストランやバーなどは，料飲サービス施設と呼ばれる。大きくは，調理をするスペースと，お客様が飲食するスペースとに分けられる。
　通常は，キッチンとフロアとが分けられる形式が多いが，カウンター形式などの採用により，キッチンをフロアから眺めることが可能な「オープンキッチン方式」も多く見られるようになってきた。ただし，「オープンキッチンは正常に機能している限り，裏側をさらけ出して，客に『安心・安全』を与えうるシステム」(横川 (2016), p.16) なのであるということは忘れてはならない。
　一般に，キッチンと分けられたレストランの方が，落ち着いた雰囲気を醸成することが可能である。オープンキッチンやカウンタースタイルの場合には，

写真6－45　キッチンと分けられたフロアのあるレストラン（La Blanche）

出所：以下，特記以外著者撮影。

料理人がお客様の反応を見ながら仕事をすることが可能となる。

　フランス料理は，貴族のお抱え料理人がフランス革命で失職し，街場で店を開いたのが発祥であるが，日本では江戸の町人文化の中で，寿司，天ぷら，蕎麦が屋台料理としてスタートして，その後カウンターという名のオープンキッチンに「出世」したという歴史的経緯もあるためか[3]，日本の料理にはカウンター形式が好まれるものが多い。事実，日本以外の国々におけるカウンター形式の飲食店は低価格のものが多く，その点からするとカウンターにおけるメリットのうち「素早く提供できる」という点が重視されている一方，日本では寿司や天ぷらなど，客単価1万円を超えるような店でも，むしろカウンターこそがメインであるように感じられるケースもある。これは，カウンターにおけるサービス提供の自由度を活用し，関係性をも利用して顧客の満足度を高めることに成功したからとも考えられる。

　売上高は，客数×客単価で決まる（高桑（2008），p.11）。客数は一般に，店舗の広さが一定であれば，回転率で決まることになる。ただし，人間の食に対する時間の許容幅は必ずしも広くないため，業種によっては回転数を高めるのは困難である。そういった場合には，このような，カウンターを利用した関係性マネジメントによる客単価向上は効果的であった。

　さて，一方で，横川（2016）によれば，レストランの本質とは，「ショウ」に他ならないという（pp.71-72）。そのため，ショウにふさわしい空間づくりも重要なポイントになる。この点に関しては，わが国の飲食店は，上記のようなカウンターの活用による料理人の「演出」が中心であり，周辺環境についてはあまり目を向けられていないように感じられる。

写真6-46　砂浜を貸し切ってのダイニング（Jumeirah Vittaveli）

写真6-47　テラス・ダイニング（Ceylon Tea Trails）

第 6 章　ホスピタリティ施設の概要　◎──　157

写真 6 − 48　テラス・ダイニング（Amangalla）

写真 6 − 49　テラス・アフタヌーンティー（Ceylon Tea Trails）

海外では，例えば砂浜を貸しきってディナーをしたり，半屋外のテラスや超高層ビルの屋上でディナーをしたりすることが可能である。

写真6－50　ルーフトップダイニング（Banyan Tree Bangkok）

写真6－51　ルーフトップバー（Hotel Muse）

写真6−52　デザートバー（Banyan Tree Al Wadi）

　わが国には世界に誇るべき四季折々の魅力がある。そういった周辺環境も含めてお客様に提供していくことが，これからの料飲サービス産業ではさらに求められてくるだろう。

　最近では単なる料飲サービス施設であるのみならず，多様なイベントなどにも対応可能な施設が増えてきつつある。その可能性も，当初の空間作りである程度決まってしまうため，注意が必要である。

　一方で，例えば開放感を求めて高い天井を採用すると，暖気が上部にたまりやすく暖房効率が落ちてしまう。冷房の時期でも冷風が降りてこない状況になりがちである。さらに，個室構造も空調効率が下がる[4]といった問題点もあるため，バランスを取ることも重要である。

5．セレモニー施設

　セレモニーは，わが国では「儀式」や「式典」と呼ばれる。大きくは集団としてのセレモニーと，個人的なセレモニーとに分けられる。
　集団としてのセレモニーは，入社式や入学式のようなものが代表的であろう。これは，集団の「確認」として行われる。つまり，「その集団の一員となった」ことの確認のために，集団でのセレモニーが必要とされるということになる。
　個人としては，いわゆる「冠婚葬祭」が代表的である。これは，人間が生まれてから死ぬまで，あるいは死んだ後に，家族や親族の間で行われる行事である。集団のものと同様，家族や親族という「集団の確認」として行われる側面があるとともに，通過儀礼としての性格もある。
　「冠」は成人式を指している。これはもともと，元服に由来している。すなわち，昔は冠を戴くことによって，社会的な役職や参政権を得ていたことが元になっている。
　「婚」は結婚式を指している。
　「葬」は葬儀をはじめ，人が亡くなった際に行われる一連の儀式を指している。
　「祭」は先祖の霊をまつること全般，すなわち法事やお盆などを指している。ここには，祖先の霊をまつることで人を集め，一族縁者の絆を深めて繁栄を目指すという意味もある。
　なお，「まつり」という日本語には，祀り，祭り，奉り，政り，纏りといった文字が当てられるが，いずれも「感謝」や「祈り」を意味している。このあたりの議論については，ジェームズ・フレイザーの『金枝篇』に詳しい。それぞれ，若干のニュアンスの相違があるので注意したい。
　「祀り」は神などに祈ることである。
　「祭り」は魂や霊を慰めることである。
　「奉り」は献上することである。

「政り」は祭祀と政治が一致していた時代の名残である。

そして，こうした多くの「まつり」は，変化に対する「抵抗」への対策としても行われてきた側面もある。

他にも，お食い初め，七五三，誕生日，諸記念日なども，いわば個人のセレモニーであるととらえられよう。

なお，個人としてのセレモニーは，時代の変化に合わせて開催の有無や内容が変化していくことになる。最近では，「二分の一成人式」という，10歳を祝うセレモニーが多くなってきているという。これも，時代の変化に合わせた変化であるといえるだろう。

こうしたセレモニーは，特殊な演出が求められることもあり，一定のノウハウが必要とされる。それに応えうる事業者としては，ホテルの宴会部門や一部の料飲部門，専門の結婚式場や葬祭業者のような専門業者が直接的に担当するが，各種の演出を提供する専門の関係業者や，神社，寺院，教会といった，さまざまな関連主体が複雑に絡みあってセレモニーのビジネスが提供されることになる。

本書では，このうちホスピタリティ産業として認識されており，かつほとんどのビジネスに対応可能なブライダルを例としてホスピタリティ施設について解説する。ブライダル施設は，上記のホテルや旅館における宴会部門，専門式場，公共施設といったものが挙げられるが，必要な施設や設備については大差ない。

ブライダル施設に必要なのは，お客様が利用する部分では

- 挙式会場（チャペル，神殿など）
- 宴会場
- 控え室・更衣室
- ブライダルサロン（お打ち合わせ室）

であり，こうした要素を支えるための

- 調理場
- 事務室
- スタッフ更衣室

などが設置されている必要がある。

挙式会場は，かつてのわが国では神前式が主流であったが，近年はキリスト教式が多くなってきている。それぞれの様式にのっとった設備を備えた式場が必要とされる。

写真6－53　名古屋観光ホテルの挙式会場

出所：以下，特記以外は著者撮影。

場合によっては，近年増加傾向にある人前式とキリスト教式の双方に対応可能な構成をとることもある。

写真6－54　With the Style福岡の挙式会場

挙式会場は近年，多様な方向性で，セレモニーとしての「かけがえのない時」を演出する傾向が見られる。これまでの挙式が，神前式，キリスト教式といった，宗教的規範に則って司式されるものが中心であったのに対して，最近増加傾向にある人前式は，特に宗教的規範にはとらわれないため，自由な空間作りが可能なためである。

そして，挙式後には披露宴が催される。披露宴は，小さなものでは20名から30名程度だが，大きなものになると300名前後もの列席者がいることもある。

そのため，会場によっては数十人規模から数百人規模まで，多くの宴会場を取り揃えざるを得なくなる。

写真6-55　With the Style福岡の宴会場

写真6-56　旧ホテルオークラ本館にあった宴会場

また，かつての披露宴では長方形のテーブルも多かったが，近年は円形のテーブルが増えてきている。さらに，仲人を置かなくなってきていることもあり，雛壇のテーブルも小ぶりになる傾向にある。

図表6－24　2つのタイプの宴会場レイアウト

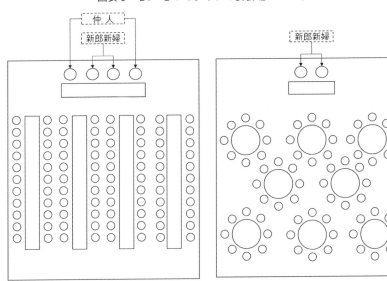

出所：著者作成。

一方，近年，急速に増加したのが「ゲストハウス」と呼ばれる施設である。その出現の経緯など，詳しい説明は「ケーススタディ④」を参考にして欲しいが，ヨーロッパの街をモデルとするなど，何らかのモチーフに依拠して，独立した聖堂，宴会場を設け，プライベート感を確保しつつ，専門式場として対応可能な施設構成としたものである。

場所によっては，きわめて本格的な教会堂や礼拝堂を設置して，本物の牧師による司式が可能となっているところもある。

写真6-57 那須高原「セント・ミッシェル教会」とその付帯施設

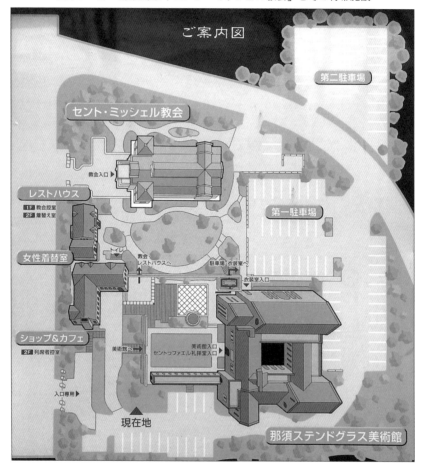

　隣接して，ステンドグラスやオルゴールの美術館・博物館など，あるいはカフェやレストランなどが立地し，挙式が行われていないときには，一般のお客様に開放しているケースもある。

第6章 ホスピタリティ施設の概要 ◎── 167

写真6-58 那須高原「セント・ミッシェル教会」

　都市部ではない立地の場合には，ドライブでこうした場所に立ち寄ったカップルが，その思い出を記念するためにも，いざ結婚するとなった際に，このような施設で挙式を行うこともあるようだ。

ケーススタディ③：八芳園の事例

　白金台に12,000坪もの広大な敷地を持つ株式会社八芳園（以下,「八芳園」という）の創業は戦後であるが，八芳園を象徴する庭の歴史は，江戸時代初期にまでさかのぼる。

写真6－59　八芳園の庭園

出所：以下，特記以外は八芳園提供。

　そのような歴史を誇るこの地は，大正時代のはじめ頃，日立製作所などの企業の礎を築いた久原房之助の手に渡ることになる。彼は周辺の土地も買い増しして，地形を活かした庭園を作り上げた。

図表6－25　2016年1月時点における八芳園の宴会場一覧

	宴会場名	広さ(m²)	坪数	天井高(m)	収容人数 正餐	ブッフェ	スクール	シアター
1階	ジュール	792	240	5	450	700	450	800
	(アルブル)	323	98	5	128	210	200	350
	(エール)	380	115	5	160	250	220	400
	ニュイ	302	92	3	120	180	165	250
2階	サンライト	227	69	3.3	100	100	100	160
	リーフ	215	65	2.9	100	100	100	160
	ウインド	227	69	3	66	100	80	160
3階	グレース	205	62	2.9	80	90	70	140
	チャット	380	115	3.2	160	250	220	400
5階	リンデン	171	52	2.9	64	60	60	110
	ジャスミン	220	67	2.8	48	80	60	110
	シダー	205	62	2.9	100	100	100	160
6階	サクレ	158	48	6.5	64	60	60	110
	ノクターン	216	65	2.8	80	100	80	160
	エタニティー	210	63	3	100	100	100	160
					本膳	ブッフェ	座卓	
別館	白鳳館	240	72	2.7	150	130	150	

(注) ジュールはアルブル，エールの2部屋に分割可能。

　戦後，飲食店の展開を行っていた長谷敏司に共同経営の話が持ち込まれ，1950（昭和25）年から現在の八芳園の原型がスタートすることになる。

　2016年1月時点では，図表6－25のように多数の宴会場を取り揃えて，多様な宴会の実施が可能となっている。

　本館の各階と，別館にさまざまな宴会場を擁していることが理解できよう。この他に，和食レストランの槐樹（えんじゅ）と，カフェレストランのThrush Cafe（スラッシュ・カフェ），その他の施設が存在している。

図表6−26　本館1階平面図

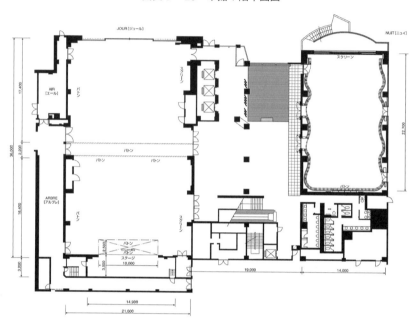

　1階のJour（ジュール）は，八芳園で最大の宴会場である。2部屋に分割して使用することもできる。このような分割式の宴会場は，多様な利用法に対応可能であることから，特に各施設でもっとも大きな宴会場ではしばしば用いられる。
　さらに，このJourからは，庭園に直接出ることもできるため，さまざまな演出も可能である。
　2階，3階にもそれぞれ3室，2室の宴会場がある。3階のGrace（グレース）には，庭園を見下ろすテラスがついており，ここでも変化に富んだ演出を行うことが可能である。

第6章 ホスピタリティ施設の概要

図表6-27 本館2階平面図

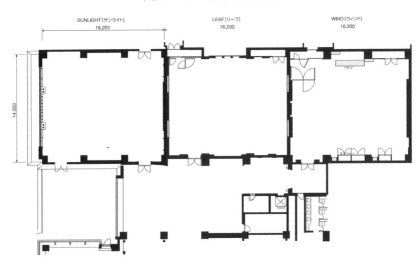

図表6-28 本館3階平面図

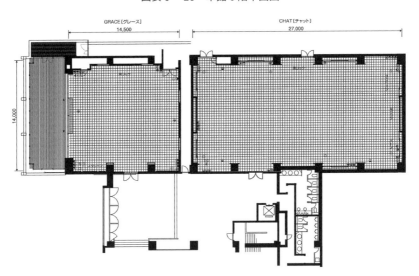

同社は高度成長期を経て，ブライダルの産業化とともに，総合結婚式場として幅広い支持を得て順調に業績を伸ばしてきた。しかし，少子化や非婚化といったマクロ環境の変化もあり，将来への対策という面からも，最近はMICE事業を中心とした新市場への進出を模索するようになっている。

　それにともない，「おもてなしを世界へ」というスローガンを掲げ，いくつかの宴会場を改装したり，調理場の改装を行ったりしてきた。近年の実績は以下のとおりである。

　2013（平成25）年には，厨房の大改装，メインロビーの改装，5階宴会場Linden（リンデン）の改装などを行った。

写真6－60　5階宴会場Linden

　そして，2014（平成26）年には婚礼打合せサロン，衣裳室，美容室，列席者用衣裳室，更衣室の改装を行い，施設利便性の向上を図り，新郎新婦のみならずゲストも快適に過ごせる空間作りを行った。

図表6-29　本館5階平面図

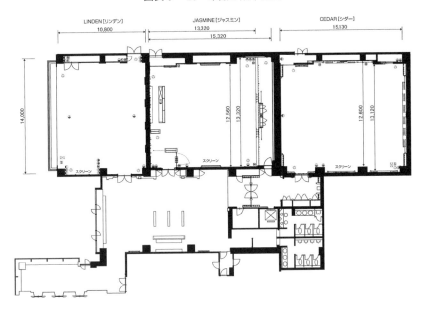

　さらに，翌2015（平成27）年には，6階の全面改装を実施した。これによって，多様な披露宴の開催が可能になるとともに，MICE対応も視野に入れたさまざまなイベントへの対応も，ほぼ完璧に行えるようになったといえる。
　以上の改装の中でも，特に大きな改装となったのは，2015（平成27）年に実施した6階の改装である。
　6階には，Nocturne（ノクターン）を利用したFURUSATO Lounge（ふるさとラウンジ）と名づけられたプライベート空間が構築され，独自のセレモニーを開催することが可能となった。ここには大型のモニターが設置されており，宴会前にさまざまな画像を流すことができるようになっている。ブライダルの場合には，まさに新郎新婦の「ふるさと」の映像を流したり，法人宴会の場合には，ここで新商品の映像を流したりして，宴会の開始を招待客に待っていただくことも可能なスペースとなっている。

写真6－61　6階Nocturne

　Nocturneの両脇にある2室のうち，Sacre（サクレ）は庭園側の宴会場のうちで最上階に位置しており，日本庭園を通じて四季の移ろいを感じられるスペースとなっている。Eternity（エタニティ）には天井に特別照明を設置しており，水面に広がる波紋の美しさをイメージしたスペースとなっている。
　2015（平成27）年には，WAZA Departmentと銘打って，地方の職人とのコラボレーション・イベントも実施した。「宴会」という「ハレの場」が，日本の伝統工芸への窓口となるという想いからである。いわば，八芳園が「日本文化を世界へ発信する場」としての存在感を放つことを意図しているといえる。

図表6-30　本館6階平面図

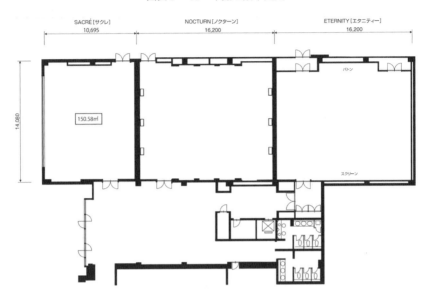

　いうまでもなく，日本の食文化である「和食」は，世界文化遺産にも選ばれたが，わが国が醸成してきた文化の粋が詰まっているといえる。箸にせよ，皿や椀にせよ，これほど多様な種類の素材や技法を用いて作られる食器は，諸外国ではほとんど見ることがない。食材を調理するための包丁や鍋といった調理器具も，長い年月の中で研ぎ澄まされてきた。

　事実，多様なセレモニーやイベントで，究極の和を演出できるよう，組み立て式の茶室であるMUJYOANまで製作するに至った。

写真6−62　組み立て式お茶室MUJYOAN

　八芳園では，こういった和の要素を，洋式の披露宴やその他のイベントなどにおいても取り込むことを蓄積し，その集大成として，今後は宴会を「日本文化を世界へ発信する場」にすることを目指している。
　セレモニーは，儀式というイベントの一分野を形成しているとも考えられる。そのため，このような立地と歴史的経緯を踏まえた施設構成は，大きな強みになると考えられる。

取材協力：株式会社八芳園
　　　　　取締役専務・総支配人　井上　義則　氏

第6章　ホスピタリティ施設の概要　◎── 177

6．その他のホスピタリティ施設

　ここまで紹介したホスピタリティ施設以外のものとしては，クラブやカジノなどが挙げられるが，カジノはまだわが国には存在しないため，ここではゲームの種類を中心に簡単にのみ触れておく。

写真6－63　Waterfront Cebu City Hotel & Casinoのカジノフロア

出所：写真6-71まで著者撮影。

　カジノでは，大きくはブラックジャック，ポーカー，バカラのようなカードゲームのための台，ルーレット，スロットマシーンなどが設置されている。スロットマシーンは多くのマシンを並べて設置することができるが，その他のゲームは専用のテーブルが必要とされる。そして，こうしたカジノフロアには，しばしば料飲サービス店も設置されている。中には，飲み物については無料で

提供しているという場合もある。

　一方、「クラブ」と一言でいっても、さまざまなタイプがあるのが現状である。いわゆる「銀座のクラブ」のようなものもあれば、「ナイトクラブ」と呼ばれる施設も存在するし、大音響の音楽とともにダンスを楽しむようなクラブもある。いずれのタイプにおいても、椅子やテーブルといった什器類は、その施設の特性に合わせたセレクトが必要になる。ただし、一般に食事をしっかりと取るという場所ではないため、テーブルは低めであることが多い。

　雰囲気が重要であるため、照明や音響などの演出機器によっても特徴づけられることが多い。特に、ダンスを楽しむスペースの場合には、高音質の音響機器と、ミラーボールやレーザー光線などを用いた多彩な照明が用意されることがある。

　ホテルの付帯設備としても多くの場合に設置されているのがエステ・スパやプールである。

　エステ・スパは、アロマを焚くなどして雰囲気を作ることが多い。施術方法によって必要とされる設備は異なるが、施術用の椅子またはベッドは専用のものが用意されることになる。場合によってはシャワーやバスの用意が必要になる。

　最近注目されているのが、水を用いた療法によってさまざまな効果を期待する「ハイドロセラピー」と呼ばれる施術である。特に、圧力をかけた水を用いた多様なアトラクションを用意したものがリゾートを中心に着目されている。Banyan Treeでは、一部のプロパティにRainforestというブランドで、大規模なハイドロセラピー施設を展開している。

　一般的なプールはほとんどのアップスケール以上のホテルに用意されている。通常は一般的な長方形のプールが多いが、リゾートホテルの場合には、特徴的なものも多い。円形や、複雑な平面形状を持つものもあれば、深さも場所によって変えることで、さまざまな使用法に応えられるようにしている。中には海のように砂を持ち込んで、砂浜を再現している場合もある。

第 6 章　ホスピタリティ施設の概要　◎── 179

写真 6 − 64　The Galaxy Macau の砂浜プール

　また，リゾートの場合には，しばしばプールを掘り込んでカフェやバーが作られていたり，あるいは，プールに浸かったまま飲食を摂ったりすることができるスタイルの施設が用意されていることもある。

写真6−65　Six Senses Ninh Van Bayのプールと掘り込んだカフェ

写真6−66　Six Senses Ninh Van Bayのプールサイドバー

写真6-67　Pulchraのプールサイドバー

ファミリー層が多いホテルでは，プールにさまざまなアトラクションを組み込んでいるケースもある。

写真6-68　Shangri-La Kota Kinabaluのプール

写真 6-69　The Galaxy Macau の流れるプール

　そして，リゾートの場合には，砂浜でのダイニングのために，東屋を用意していることもある。この東屋は，砂浜でのエステ・スパにも用いられることがある。

写真 6-70　Pulchra のビーチサイドの東屋

最近，マカオやシンガポールで開発されたのがIR（Integrated Resort）と呼ばれる複合施設である。カジノを中心に，ホテルやコンベンション施設，水族館など，さまざまなホスピタリティ関連施設を集積させたものであるが，ここでは多様なアミューズメントの提供のために，いろいろな仕掛けが施されている。他社・他施設との差別化を志向して，常に新しい試みがなされているのが現状である。

写真6－71　The Galaxy Macauでのショースペース

ケーススタディ④:ディアーズ・ブレインの事例

2000年代に入って急成長したブライダルの業態が,「ゲストハウス」における「ハウスウェディング」と呼ばれる分野である。

挙式・披露宴会場は,かつては専門式場が,そしてバブル崩壊前後からはホテルがその中心的存在であった。今でもホテルは業態としてのシェアはトップであるが,1990年代に出現したゲストハウスは,図表6－31に見られるように,2000年代に入って20%近いシェアにまでなっている。

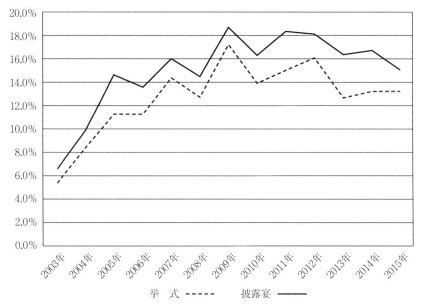

図表6－31 ハウスウェディングのシェア推移

（注）首都圏の平均。
出所:「ゼクシィ結婚トレンド調査」各年度をもとに,著者作成。

専門式場が主役だったのは、1970年代前半の第2次結婚ブームの頃であり、いわば「挙式・披露宴の大量生産」によって専門式場は成長した。しかし、そのような方向を志向していたこともあり、主役であるはずの花嫁同士がすれ違うことがあるなど、「一生に一度のイベント」としては、必ずしもお客様の満足いくものであるとは限らなかった。

その後、社用宴会の減少を補うようにホテルが挙式・披露宴の獲得に力を入れていく。ホテルは大量生産を志向するわけではなかったこともあり、一定の支持を得るに至った。

しかし、バブル崩壊によって、一気に「ジミ婚」の流れが生じることになる。すなわち、入籍をしても挙式・披露宴を行わないか、行っても、ごく親しい一部の友人・知人にだけという形が多くなっていった。その背景としては、結婚が「家と家との結びつき」という社会的存在から、「新郎新婦2人のためのもの」というプライベートな存在へと変化したこともある。

この中で、レストランでの挙式・披露宴を選択するカップルも増加していき、料理の美味しさもあってある程度のシェアを獲得することになる。ところが、レストランはあくまで食事を提供することが主たる業務であるため、セレモニーとしての多様な演出を行うことには慣れていなかった。そこで、レストラン側とお客様側の中間に立って、レストランでのセレモニーを実現するサポート役として、プロデュースという事業が広まっていく。

多くのゲストハウス運営会社は、このプロデュース業から発展していった。

すなわち、「ゲストハウス」による「ハウスウェディング」は、レストランウェディングが実現したプライベート感やアットホーム感と、専門式場としての強みをうまく組み合わせて誕生したといえよう。

ゲストハウスは、1997(平成9)年、東京の立川市に「ルーデンス立川ウエディングビレッジ」(現在のルーデンス立川ウエディングガーデン)がオープンしたのが最初といわれる。ヨーロッパの街をモデルとして、独立した聖堂、宴会場を設け、花嫁がすれ違ってしまったりすることのないような動線を構築して、プライベート感を確保しつつ、専門式場として対応可能な環境を確保した。こ

の業態には,上記で述べたようなプロデュース会社も参入し,急成長を遂げることになる企業も多かった。

株式会社ディアーズ・ブレイン(以下,「DB」という)は,2001(平成13)年に設立され,当初はコンサルティングなどを中心的業務としていた。2004(平成16)年からゲストハウス事業を急速に展開するようになり,2016(平成28)年現在,20を超えるゲストハウスを全国に展開している。

写真6-72 エヴァウイン小山プレミアムスィーツのチャペル

出所:以下,特記以外DB提供。

2004(平成16)年に開業した,同社の最初期の施設である「エヴァウイン小山プレミアムスィーツ」には,石造りのチャペル,挙式も可能なプライベートガーデン,バンケットホールなどを備え,プライベート感あふれる挙式・披露宴の開催が可能である。西洋のチャペルで挙式をし,邸宅を貸切でパーティーをする,そんな夢を実現させてくれるスペースとなっている。

翌2005（平成17）年に開業した「フェアブルーム水戸アメイジングステージ」は，イギリスのマナーハウスがモチーフとなっている。ここでもやはり，親しい人を自身のプライベート・スペースにお呼びして，セレモニーを行う，という点が強調されている。

写真6－73　フェアブルーム水戸アメイジングステージ

その後の同社は，西洋的なモチーフのみならず，現代的なモダンなゲストハウス施設にも果敢にチャレンジしていくことになる。

象徴的なのは，2016（平成28）年1月にオープンした，「The 33 Sense of Wedding（ザ・サーティスリー センス・オブ・ウエディング）」である。大阪・梅田の中心部に位置するBREEZE BREEZE（ブリーゼブリーゼ）の33階，地上160mもの高さにある天空のチャペルは，他では経験することのできない，この施設ならではの魅力となっている。

写真6-74　The 33 Sense of Weddingのチャペル

写真6-75　バンケット・Claire

　付帯する2つのバンケット，「Evan（エヴァン）」と「Claire（クレア）」も同じ高さであり，街を見晴るかす景色が広がっている。これまでにない，新しい都市型のブライダル施設となっているといえよう。
　そして，DBはさらに新しいチャレンジに踏み出した。
　昨今は自治体による地域活性化事業にホスピタリティ施設を運営する企業の協力が欠かせなくなってきつつある。もともと，都心部での再開発にはホテルがつきものであったが，最近では地方でホスピタリティ施設を運営する企業とのコラボレーションによる新しい施策の実現が着々と進みつつある。

特に，著名な観光資源を抱える自治体では，その観光資源を活用した取り組みの一環として，観光資源におけるセレモニーを実施することが増えてきつつある。これは，通常の観光とは異なる，セレモニーという機会を利用した集客によって，その土地の魅力を，主役たちはもちろん，招待客の記憶にもしっかりと刻み込んでもらうことが可能となるからである。結果として，観光政策にとってきわめて重要なリピーターの獲得につながりやすいという側面がある。

しかし，ここで問題となるのがそれを実現しうる事業者の選定である。実際に効果が認められている状況でありながら，二の足を踏んでいる自治体が多いのは，こうした事業者との関係作りが，いまひとつできていないことが多いのも理由の一つであろう。

2016（平成28）年3月に開業したTHE SURF OCEAN TERRACE（ザ・サーフオーシャンテラス）は，千葉市の中心部からも近い稲毛海浜公園に立地している。都市に隣接していながら，目の前には砂浜越しに海が広がるという絶好の立地である。

これは，千葉市による公民連携の海辺エリア活性化プロジェクトにおける先駆的な取り組みとなっている。全長4kmを超える日本最長の人工海岸を軸とした地域活性化事業であり，この施設も2013（平成25）年に公募され，DBが

写真6-76　THE SURF OCEAN TERRACE開業イメージ

（注）左がバンケット，中央がホール，右がレストランの各棟。

契約するに至ったものである。

　公園に囲まれるようにして3棟が並び，その中央にホールがある。そして，それを囲むようにバンケット棟とレストラン棟が立地している。通常であれば1棟で済むところを，ここでは3棟に分けて建設している。これは，3棟の角度を少しずつ変化させることで，同じ海の景色でも，少しでも異なる雰囲気を味わって欲しいからであるという。

　このホールでは，海を背景にしたさまざまなイベントの実施が可能となっており，ブライダルを含む多様な目的にかなう絶好のポジションとなっている。目立たないようにエレベーターも設置されており，バリアフリーにも配慮されている。

写真6-77　ホール（挙式会場としても利用可能）

出所：これ以降，特記以外は著者撮影。

写真6－78　ホール内部

　窓の外には水盤が設置され，そのまま海へと繋がっている。千葉市内中心部から近いということを忘れてしまいそうなスペースになっている。
　ホールに向かって右隣にはバンケットの建物がある。ホールとイメージを揃えたモチーフの外観となっており，2層構造の内部にはラウンジが1室と宴会場が2室配置されている。
　バンケットに入ると，エントランス正面に階段が設置されている。この階段は，2階左右に1室ずつ配置された宴会場に分かれるように配置されている。ここは，ホールに上っていく階段とともに，記念写真のスポットになりうるだろう。ブライダルで利用する場合には，このようなシンボリックなスペースがきわめて重要となる。

写真6-79　バンケット外観

写真6-80　バンケットのエントランス

1階にはラウンジ・スペースが設置されている。こうしたラウンジ・スペースには近年,「家」というモチーフがしばしば用いられるようになってきた。そのためもあり,このスペースはライブラリーのような空間作りとなっている。

写真6－81　ラウンジ

写真6－82　ライブラリーの本棚

2階は宴会場となっている。このスペースには複数のプロジェクターを含むさまざまな最新の機器が設置されており，多様な演出が可能となっている。また，スクリーン代わりのカーテンを開けると，その向こうにはやはり海が広がっていることもポイントである。

写真6－83　2階バンケット

写真6－84　カーテンを使った映像による演出

写真6-85　カーテンを開けると海が望める

写真6-86　演出用のさまざまな機器類

　このような設備は，立地の特性とあいまって，さまざまなコンベンションや会議，そしてブライダルなど，多様な欲求に応えることが可能となる。立地だけでも，設備だけでもそれは困難であり，双方をうまくミックスさせることがホスピタリティ産業を展開する企業にとっては腕の見せ所ということになろう。

最近では，その施設が立地している地域の特性をホスピタリティな演出に加えることも重要なポイントとなっている。そのため，THE SURF OCEAN TERRACEでは，併設しているレストランの料理を含め，千葉の食材を多用していることも特筆すべき点である。

　その土地の魅力を，さまざまな機会に集まる人々に紹介していく。この機能はホスピタリティ産業ならではの武器であるといえる。そして，そのための立地，それを活かす施設構成や設備，こういったコラボレーションを実現できてこそのホスピタリティ・デザインである。その強みにさらに磨きをかけて，ブライダルにとどまらない幅広い展開を志向することなくして，これからの時代に生き残っていくことは困難であろう。

　　　　　　　　　　　　　　　　　　　　取材協力：株式会社ディアーズ・ブレイン
　　　　　　　　　　　　　　　　　　　　代表取締役社長　小岸　弘和　氏
　　　　　　　　　　　　　　　　　　　　経営企画部　山西　礼子　氏

【注】
1) ここでの前項第二号については，ホテルのところで説明する。
2) 次項第二号は旅館のところを参照。
3) 横川（2016），p.18。
4) 高桑（2008），pp.147-149。

参考文献
建築思潮研究所編（1989）『［建築設計資料］24 シティホテル』建築資料研究社.
建築思潮研究所編（1996）『［建築設計資料］59 シティホテル2』建築資料研究社.
建築思潮研究所編（2001）『［建築設計資料］81 旅館』建築資料研究社.
高桑隆（2008）『飲食店経営の数字がわかるマネジメント』同友館.
横川潤（2016）『絶対また行く料理店101』集英社インターナショナル.

第7章
改築，改装，リノベーションなど

1. 改 築

　ホスピタリティ産業においては，物理的環境としての建物や設備は，顧客側からすればサービスそのものを構成する要素でもある。ただし，建物自体の耐用年数には限界があるため，一定の期間が経過したあとも経営を続ける場合には，建て替える必要が生じることがある。
　「帝国ホテル」は1887年に開業し約130年もの歴史を誇っている。この歴史

写真7－1　帝国ホテル初代の建物

出所：以下，特記以外著者撮影。

の中で,「本館」といわれるメインとなる建物は2回建て替えられている。すなわち,現在の本館は3代目である。

写真7-2 帝国ホテル二代目の建物(旧ライト館)

写真7-3 現在の帝国ホテル本館(後ろにインペリアル・タワー)

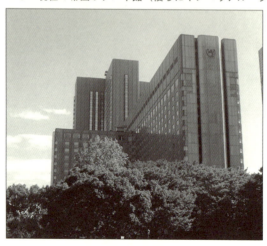

2015（平成27）年には惜しまれつつ「ホテルオークラ」の本館が解体されることになった。開業時は高台からの景色が楽しめたようだが，最近では回りを高層ビルに囲まれ，高台にあるということを忘れてしまう立地になっていた。

写真7－4　解体されたホテルオークラの本館

建物は，水まわりの劣化や給電系統の老朽化，あるいはデジタル対応の困難さなどによって建替えの必要が生じる。他にも，ホテルオークラのように，開業した頃は周囲の見晴らしが良かったものの，その後の環境変化によって，周囲を見渡せなくなってしまったケースもある。ホテルオークラは建て替え後，下層部はオフィスとして賃貸し，上層階を客室として利用することになるという。

近年，建て替えがなされることになったのは，他に「グランドプリンスホテル赤坂」や「パレスホテル」などがある。グランドプリンスホテル赤坂の場合

には，40階建ての新館が1983（昭和58）年に建設され，一時は最上階のバーに行列ができるなど話題のスポットであったが，老朽化による競争力の低下や資産の有効活用のために，2012（平成24）年に取り壊されてしまった。40階建ての超高層ビルが，わずか30年足らずで経済的な耐用年数を迎えてしまった事例である。

写真7-5　取り壊しが始まったグランドプリンスホテル赤坂

一方，仮復旧のまま戦後をずっと過ごしていたが，竣工時の建物に復原した「東京ステーションホテル」のような方向性も一部で散見されるが，わが国ではごく少数である。海外では歴史的建造物を活かして再生する例も多い。

写真7－6　古い建物を再活用したEastern & Oriental Hotel

ケーススタディ⑤：目黒雅叙園における改築例

　わが国初の「総合結婚式場」として1931（昭和6）年11月18日に開業したのが目黒雅叙園である。現在は，株式会社ワタベウェディングの子会社である株式会社目黒雅叙園（以下，「雅叙園」という）によって運営されている。

写真7－7　目黒雅叙園の正面エントランス

出所：著者撮影。

　豪壮な屋根がかかる車寄せを入ると，ロビーまでの間には「花魁通り」と呼ばれる，彩色木彫板に装飾された，緩くカーブした廊下が繋いでいる。その先の招きの大門をくぐると，広大な吹き抜けのスペースとなっている。

第7章 改築，改装，リノベーションなど ◎—— 203

図表7－1　1階案内図（2016年3月現在）

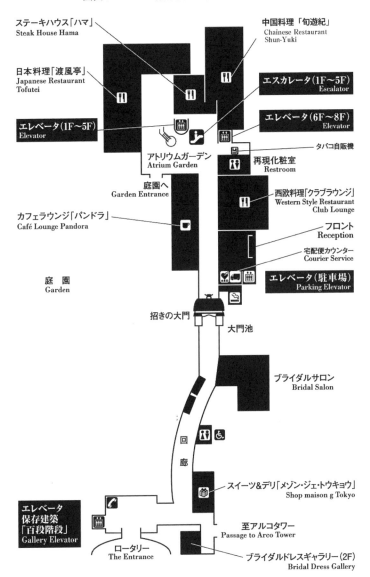

出所：以下，特記以外は雅叙園提供。

写真7−8　招きの大門

出所：以下，特記以外は雅叙園提供。

写真7−9　吹き抜け（カフェラウンジ「パンドラ」周辺）

出所：著者撮影。

このような独特な施設となっているのにはわけがある。

かつての目黒雅叙園は,「昭和の竜宮城」ともいわれ,和風建築に螺鈿細工や日本画の数々,そして浮き彫りの彫刻がふんだんに用いられた贅を尽くした建物が特徴となっていた。しかし,1991（平成3）年に全面改築が行われ,新生・雅叙園がオープンした際に,可能な限り,改築前の雰囲気を残そうとしたため,今でも特徴的な施設となっているのである。

新しい雅叙園も,それまでと同様,和風でありながら豪華絢爛な雰囲気をふんだんに盛り込んでいる。

例えば,3階や4階の宴会場ホワイエの天井は,旧館から引き継いだ絵画で飾られている。

写真7－10　4階宴会場前廊下（ホワイエ）の天井

出所：著者撮影。

図表7-2 フロアマップ（2016年3月現在）

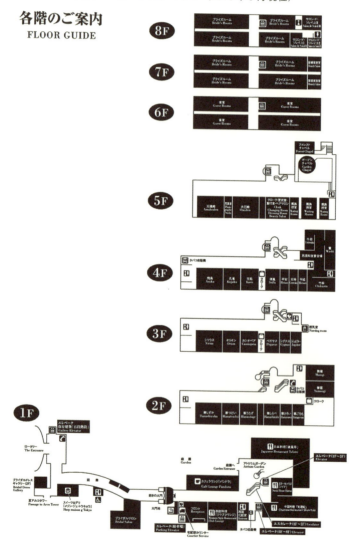

また，4階の宴会場も，かつての建物の正面玄関から螺鈿細工，日本画，浮き彫りの柱などを移設している。

写真7-11 旧本館玄関

写真7-12 現在の4階和風宴会場エントランス

他の宴会場やパブリック・スペース，さらにはお手洗いに至るまで，旧館の彫刻や絵画を可能な限り移設したのは，きわめて特徴的であるといえよう。

写真7－13 旧「竹林」

写真7－14 現在の「竹林」

写真7-15 旧「牛若」

写真7-16 現在の「牛若」

写真7-17 旧「竹坡」

写真7-18 現在の「竹坡」

第7章 改築，改装，リノベーションなど ◎── 211

写真7-19 旧化粧室

写真 7 −20 現在の化粧室

第7章 改築,改装,リノベーションなど ◎── 213

また,雅叙園を象徴するのが「百段階段」と呼ばれる施設である。

写真7－21 百段階段

　百段階段とは通称であり,1935（昭和10）年に建てられた目黒雅叙園3号館のことである。なお,百段階段は雅叙園に現存する唯一の木造建築である。百段とはいいつつも,実際には99段の階段が,7部屋の宴会場を繋いでいる。階段は厚さ約5cmものケヤキ板を使用している他,階段沿いの各部屋はそれぞれ趣向が異なる装飾が施されている。

写真7−22 「清方」の廊下

　百段階段の各室をはじめとした雅叙園を飾る装飾はいずれも，織田信長や豊臣秀吉らによる安土桃山時代の豪華絢爛な建築から，日光東照宮や歌舞伎などに代表される江戸時代にかけての建築的特徴を持っている。そういった前提において，百段階段は一つの最高到達であるともいえ，2009（平成21）年3月，東京都の有形文化財に指定された。
　このように，雅叙園の建物の特徴は，中世の日本建築をもとにした装飾の破

第7章 改築,改装,リノベーションなど ◎—— 215

写真7－23 窓を飾る組子

格な豪華さにある。しかし,現在の装飾の多くは,かつての雅叙園の建物を飾っていたものであり,その点で歴史の継承を目指しているともいえる。

こうした施設や設備の豪華さは,創業者である細川力蔵の指示によるもので,それが現代にも引き継がれているわけであるが,この装飾は必ずしも単に奇をてらって造られたものではない。来訪者に驚き,楽しんで欲しいという想いが結実したものであり,その意味では,いわば現代でいうところの「テーマ・パーク」的な要素を持っていたといえるだろう。

今は,さまざまなアミューズメントがあるため,普段あまり意識することはないが,かつての外食は「贅沢」の象徴であった。多くの人たちにとって,ごくたまにしか行いえない一大イベントだったのである。

そんな外食をするための場所であるから,なるべくゆっくりと,楽しんで欲しいという想いの結実が雅叙園なのである。

豪華な化粧室も,宴会にいらしたお客様が,現実的な化粧室で夢からさめて

しまわないように，より豪華にしたといわれている。

　いずれも，お客様にいかに楽しんでいただくか，いかにゆっくりしていただくかというところに焦点が当てられている。

　このような思考は，施設面のみにとどまらない。設備にも同様の考え方が投影されている。

　事実，中華料理店でよく見られる円形のターンテーブルも，雅叙園が発祥地であるという。現在も中国料理「旬遊紀」の特別個室「玉城の間」に置かれているものが，1932（昭和7）年に製作された日本初のものとされている。これも，皆で互いに変に気を遣うことなく，楽に取り分けられるようにという考えからである。

　さらに，雅叙園は日本初の「総合結婚式場」ともいわれるが，この理由も，美容院，写真館，神社など，個別の施設を転々とするわずらわしさから，新郎新婦，招待客の負担を軽減したいという想いからであった。

写真7−24 旧「南風の間」

写真7−25　現在の「南風の間」

　こうした，お客様に喜んでもらいたい，楽しんでもらいたいという想いは，昔も今も，ホスピタリティ産業においてもっとも重要なポイントであり，その昔の姿を垣間見つつ，現代的なホスピタリティに触れられるのが「目黒雅叙園」であるといえるだろう。

取材協力：株式会社目黒雅叙園
代表取締役社長　　本中野 真 氏
マーケティング部長　柚木 啓 氏
マーケティング部　川中 博史 氏

2. 改　装

　一般に「御三家」と呼ばれる帝国ホテル，ホテルオークラ，ホテルニューオータニのうち，前2者は建て替えを経験しているが，ニューオータニはオークラの本館とほぼ同じ頃に建設された本館について，建て替えではなく改装を選択した。

　ニューオータニの本館は，1964（昭和39）年に完成した。当時としては有数の超高層ビルであったが，建築後40年が経過して，老朽化やそれにともなう競争力の低下が懸念されるようになってきた。建て替えも含む検討が種々行われた結果，改装が選択されることになった。低層部に宴会場を抱えており，これを休止することが難しいという点や，コストがポイントになったという。

　工期は22ヶ月にも及ぶものとなり，外装の全面的改装，耐震改修，内装の改修，空調設備の改修を行った。特に外装は，それまでのアルミカーテンウォール横連窓から，フルハイトガラスカーテンウォールになり，眺望が大きく開けるようになった。

　このように大掛かりな大改装は，建て替えに匹敵するスパンでの検討事項となろうが，もっと短いスパンで必要とされる改装もある。

　ホスピタリティ産業の施設は，建物の耐用年数が30年以上あるのに対して，内装については10年前後が限界となる。そのために，同じ建物を使用していても，内装を一定期間ごとに取り替える必要が生じるのである。

　こうした改装工事は，通常の営業を行いながら，フロアごとに，あるいは建物のブロックごとになされることが多い。このような事情から，工事のために営業できない日数を1日でも短くするため，また，営業できない日が繁忙期にかからないようにするためにも，工事のスケジュール管理が非常に重要となる。さらに，工事期間中の騒音や振動，あるいは一部の設備が使用できないことによる不便について，お客様への事前の告知が必要になるなど，ホテル側でも気を遣う必要が生じることが多いのが特徴である。この点に手を抜いたことによ

って，顧客側のクレームになることもある。

写真7−26　直前の告知による露天風呂周りの工事（群馬県内某旅館）

ケーススタディ⑥：大江戸温泉物語グループ「大江戸温泉物語伊東ホテルニュー岡部」における改装事例

　大江戸温泉物語グループ（以下，「大江戸温泉」という）は，2003（平成15）年の創業後，2007（平成19）年から旅館再生ビジネスに乗り出して，2016年1月現在，全国に30もの施設を運営する日本最大級の旅館チェーンである。

　多くの施設は，立ち行かなくなった旅館の運営を引き受けて，緻密なマーケティングの実施と運営の効率化を図り再生させたものである。その中には，地域を代表するような施設も存在する（写真7-27）。

写真7-27　再生事例：加賀温泉郷・山代温泉を代表する山下家

出所：以下，特記以外は大江戸温泉提供。

再生を手がけるにあたって、施設・設備の改装をともなうことも多いが、お客様の欲求変化に合わせて、その後も随時改装を実施している。

静岡県伊東市にある「大江戸温泉物語　伊東ホテルニュー岡部」(以下、「ニュー岡部」という)も、伊東温泉を代表する施設の1つである。同館は、2010年から大江戸温泉の運営となった。同社が運営するにあたって、宴会場を客室に改装するなどしたが、他の面ではそれほど大きく手を入れることはなく運営してきた。

写真7－28　「大江戸温泉物語　伊東ホテルニュー岡部」

今回は、玄関入口ファサード、ロビー周りの改装と、客室・客室階の廊下における壁紙の張替え事例、そして、女性大浴場ならびに露天風呂の改装事例について紹介する。

玄関入口ファサードは、ステンレスの柱とガラスによる構成であったが、今回、ステンレスに木調のパネルを貼り付けて和風の趣を取り入れ、さらに、自

動扉に大江戸温泉物語のマークを透かしで入れた。これによって，より大江戸温泉物語グループとしての雰囲気を演出することに成功している。

写真7－29 「伊東ホテルニュー岡部」改装後玄関入口ファサード

出所：著者撮影。

また，ロビーはこれまで，ゲームなどを置いて娯楽のスペースとしていた。これを，すべて地下のスペースに移動させて，ゆったりとくつろげるスペースを実現した。

写真7−30 「伊東ホテルニュー岡部」改装前ロビー

出所：いずれも著者撮影。

写真7−31 「伊東ホテルニュー岡部」ゆったりした改装後ロビー

次に客室・客室階の廊下であるが，改装前は，いわゆる「京壁」仕様で，昔ながらの重厚感ある旅館というイメージであった。

これが，改装後はクロスによって，現代的な明るいイメージの廊下になっている。壁は荷物がこすれたり，靴が当たったり，あるいは客室内の場合には飲み物をこぼすなどして汚れてしまうことも多い。しかし，すべての汚れが簡単に落ちるわけではなく，さらに，塗り壁の場合には直接拭くこともしにくかった。新しい壁はクロスとしたため，汚れの清掃もしやすいものになっている。

また，一部の天井は，特に傷みもなく，見栄え上の問題もないことから，そのままとしている。これによって，最小限の投資によって最大限の効果を得ることに成功しているといえる。

写真7－32　「伊東ホテルニュー岡部」明るくなった改装後客室

出所：著者撮影。

写真7-33 「伊東ホテルニュー岡部」客室階廊下改装前後

改装前

改装後

出所:著者撮影。

また，女性の大浴場も改装を行った。特に女性のお客様はやはりお風呂に対するこだわりも強いため，満足度を向上していただくために実施することになった。

写真7－34　「伊東ホテルニュー岡部」女子大浴場完成予想図

出所：三井デザインテック提供。
　　　（設計・施工：㈱丹青社，設計者：那須野）

浴場そのものについては表面を磨くなどして対応するが，壁面パネルやタイルは新しいものに一部取り替える。なにより大きく変更するのは露天風呂部分であり，伊東という土地がら，壁に囲まれざるをえない立地を逆手に取り，季節ごとのイメージを投影することで季節感を感じながらゆっくりと入浴できることを意図している。

写真7－35　「伊東ホテルニュー岡部」露天風呂投影図案
（上から順に春・夏それぞれの映像）

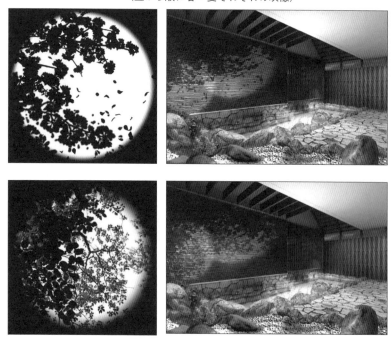

出所：三井デザインテック提供。

（設計・施工：㈱丹青社，設計者：那須野）

写真7-36 「伊東ホテルニュー岡部」露天風呂投影図案
(上から順に秋・冬それぞれの映像)

出所:三井デザインテック提供。　　　　(設計・施工:㈱丹青社, 設計者:那須野)

　以上のように，コストの制約がある中で，お客様の満足度を最大限に引き出すための施設作りに，同社のみならず設計・施工の各パートナーと取り組んでいる。
　コスト削減については，他にもさまざまな工夫を行っている。例えば，改装にあたっては，すべてを社外の業者に任せるのではなく，自社で可能なところはできるだけ社員で対応することによってコスト削減を実現してもいる。ロビー改装時に，ゲーム機器は社員自らが地下まで搬送し，その分のコストを削減している。

図表 7 － 3 「伊東ホテルニュー岡部」露天風呂設計図面

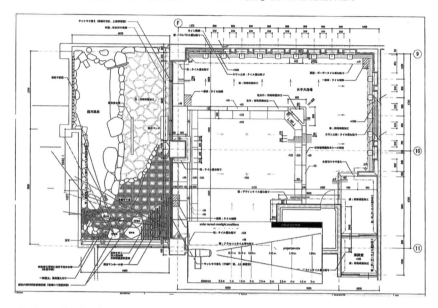

出所：同社提供（設計・施工：㈱丹青社，設計者：那須野）。

　また，図表 7 － 4 に「ホテル作業」とあるのは，当館のスタッフが改装前に畳や備品の片づけをし，改装後に片付けた畳や備品を設置している部分である。
　そして，それによって，より多くの改装工事を実施できる費用を捻出したことは特筆されよう。
　そもそも，なぜ同館が改装をすることになったかといえば，2015年で開業25周年という節目に当たったこともあるが，なにより，OTA（オンライン・トラベル・エージェント）等によるお客様からの評価で「清潔感」がなかなか上がらないというところにあった。料理や接客サービスは，スタッフ一丸となって向上を目指した結果，一定以上の評価を得られるようになっている。しかし，顧客が感じる「清潔感」は，施設の古さや清掃が困難な古い施設構造などがあ

第7章 改築，改装，リノベーションなど ◎── 231

図表7－4 「大江戸温泉物語 伊東ホテルニュー岡部」

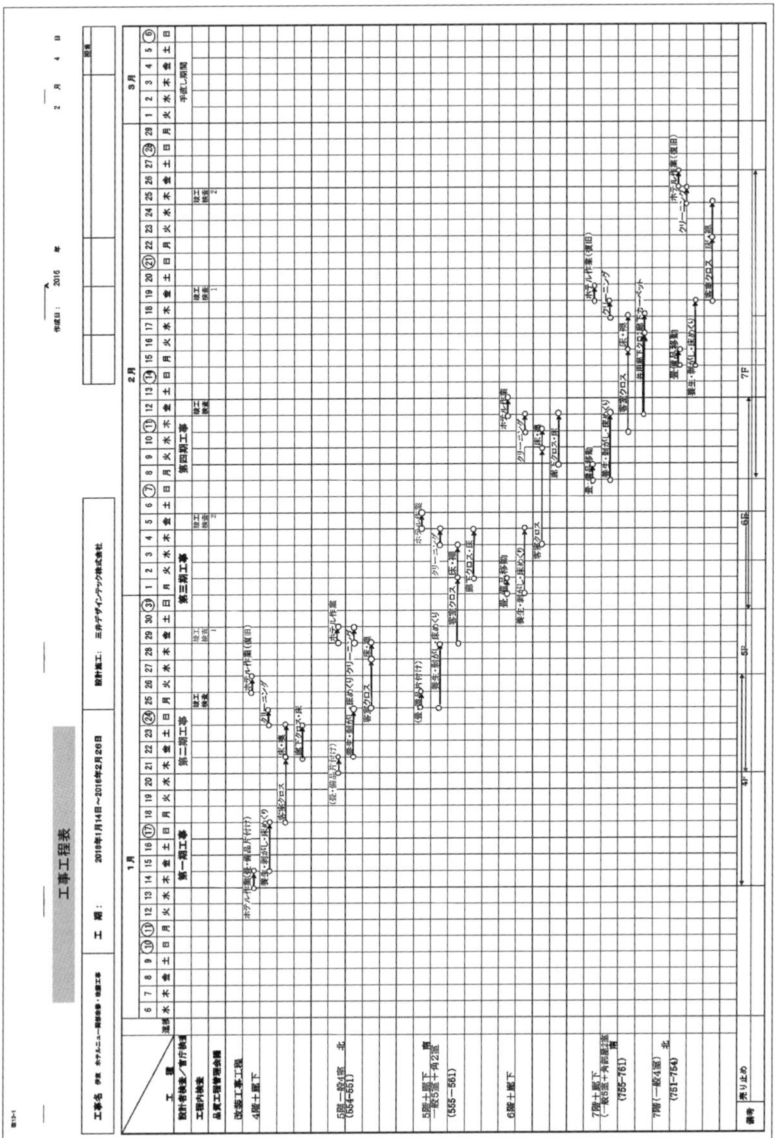

出所：三井デザインテック提供。

ると，如何ともしがたいのも事実である。この清潔感は，部屋そのものや風呂への評価にも関わってくることになるため，同社はここで，満足度が相対的に低いポイントについて，集中的に改修を実施して，満足度を全体的にアップさせることを目指している。

　改装に際しては，いくらでもコストをかけていいということはまずありえない。そのため，その改装によってお客様のどの部分における満足度を，どの程度アップさせるかといった，明確な目的意識のもとで実行する必要がある。それがなければ，無駄にコストをかけるだけの改装となり，結果的に高額の料金をいただく必要が生じて，お客様の満足にはつながらなくなってしまう。

　今回の事例は，さらに，自分たちで可能な部分は可能な限り対応することによって，より多くの箇所での改装を実現したという点で興味深いものといえるだろう。

取材協力：大江戸温泉物語株式会社
代表取締役社長　森田　満昌　氏
伊東温泉ホテルニュー岡部
支配人　小林　伸一郎　氏
フロントマネジャー　鈴木　康之　氏

株式会社丹青社
三井デザインテック株式会社

3．リノベーションとコンバージョン

　前に軽く触れたとおり，建物の寿命には「物理的耐用年数」と「経済的耐用年数」があるが，現状では「物理的耐用年数」に至る以前に「経済的耐用年数」が終わったものと判断され，取り壊して建て替えられるケースが生じる。中には歴史的文化財としての価値を認められ保存が実現したものも存在するが，こうした事例は，あくまで記念碑としての存在意義が大きく，積極的な活用を目指したものとはいえない。

　最近では，ごく普通のなんの変哲もない建物が，保存・再生の対象になりはじめてきている。これは，その建築物の歴史的価値などに関係なく，物理的耐用年数に達する前に経済的耐用年数によりベネフィットを生じなくなった建物を，新たなベネフィットを生み出す存在に転換する行為であるといえる。このような対応を，最近では「リノベーション」ともいう。

　こうしたリノベーションの手段として，近年話題に上ることが多いのが「コンバージョン」という手法である。リノベーションとコンバージョンの相違は，前者が単なる改装に近い概念であるのに対して，後者は建物の用途を変更し，他の用途に転用する意味で用いられる点である。

　コンバージョンされた建物は，それまでの用途とは異なる用途で使われるようになるために，周辺において新たなベネフィットを生み出す存在として生まれ変わることが可能となった。

　変化する時代の要請に応じるために，効果的に建築物を再生し有効に活用する行為は，近年とみに重要性を増してきている。そしてそのための手法がさまざまな形で用意されていればいるほど，既存建築を取り壊すことなく環境を長期にわたって良好に保ち続けることの可能性が広がるはずである。

　保存・再生の利点をまとめると以下のようになる[1]。

■建築的側面
- 工期,工費の大幅な削減が可能
  → 躯体だけ残す場合,土台と柱,梁は残っているので,その分の工期,工費が節約でき,概算で新築の50〜70％のコストとなる。
- 歴史的建造物の活きた保存(保全)が可能
  → 耐震補強などのハード面での修復と,新しい業態に入れ替えるなどソフト面の変換をすることで国や地方自治からの補助金に頼らずに自ら利益を生み出せる活きた保存が可能になる。

■環境的側面
- CO_2の大幅な削減が可能
  → 新築した場合と保存・再生した場合とでCO_2の発生量を比較すると新築の約60分の1である。
- 廃材の軽減が可能
  → 建築物がもっとも大きな粗大ごみになる。骨格を残し再利用する場合,解体量は20〜40％で済む。構造体が再利用できれば廃材も軽減される。
- ストックの再編が可能
  → 余っている建築物を有効に活用できる。

■社会的側面
- 地域の「文脈」に対する配慮
  → その地域の文脈の維持や歴史的記憶の継承のみならず,建物・エンドユーザー・地域住民間の再接続をも測ることが可能となり,地域コミュニティの活性化が実現されうる。

こうしたコンバージョンは一棟一棟の既存建築を対象としているが,その行為がある地域の中で面的に展開されていくことになれば,やはり新しい時代の要請に相応しい形で都市を再生することにつながる。しかも既存建物を取り壊さず中身を一新することでストックの再編をはかりうる方法であるため,既存

の都市の組織を引き継ぐ形で地域環境の再生が進められる可能性がある。

またコンバージョンは一棟単位での事業を基本とするため，長期にわたる地区内の合意形成過程などを待つことなく進められ，場合によっては歴史的建造物の活きた保存（保全）が可能である。さらに，耐震補強などのハード面での修復と，新しい業態に入れ替えるなどソフト面の変換をすることで，国や地方自治からの補助金を食いつぶすのではなく自ら利益を生み出しつつ保存していくことが可能になる。

写真7-37　アルモニービアンの外観

出所：著者撮影。

かつて銀行だった建物をブライダルの会場に転換した松本丸の内ホテルに付随する「アルモニービアン」はその好例である。

写真7-38　アルモニービアンの内部

出所：著者撮影。

このように，ある用途で経済的耐用年数を迎えた建物も，別の目的であれば新たに価値を生じさせることが可能である。特に，近年はホスピタリティ産業においてこうした事例が多く見受けられる。それは，その建物が刻んできた時間が唯一無二のものであるため，建物もサービス提供における大きな価値になるからである。

【注】
1) 建築思潮研究所編（2004），pp.13-20。

参考文献

建築思潮研究所編（2004）『［建築設計資料］98用途変更－改修刷新・保存再生・コンバージョン』建築資料研究社．

建物のコンバージョンによる都市空間有効活用技術研究会編著（2003）『コンバージョンによる都市再生』日刊建設通信新聞社．

松村秀一監修，建物のコンバージョンによる都市空間有効活用技術研究会編著（2004）『コンバージョン[計画・設計]マニュアル』エクスナレッジ．

あとがき

　冒頭でも述べたとおり，ホスピタリティというキーワードには「おもてなし」や「心」という表現がつきまとう。しかし，どれだけ1人1人のスタッフが頑張っていようと，それをさらに効果的に見せるための「舞台」がしっかりしていなければ，スタッフたちの力を出し切れていないということになるのではないだろうか。

　サービス提供のプロセスは，随時変更することが可能である。1人1人の努力によって，日々良くしていくことさえ無理なことではない。

　ところが，施設は一度作ってしまうと，長きにわたってそのまま使用しなくてはならないということも，ホスピタリティの提供をするうえでは忘れてはならないポイントである。30年足らずで取り壊される高層ビルを見るにつけ，この点を世に訴えるべきであると強く感じるようになった。

　とはいうものの，施設面を論じるのには，現物の写真や図面が欠かせない。その面において，本書では多くの産業界の皆様方にご協力いただき，完成を迎えることができた。この場を借りて，深く，深くお礼を申し上げたい。

　本書は当初，学生たちとともに作り上げるつもりで進めていた。残念ながら，途中でそれはあきらめざるを得なくなったが，1人での執筆で，疲れた時などには，一生懸命手伝おうとしてくれていた一部の学生たちの顔が思い浮かんだものである。皆にもお礼の気持ちを伝えたい。

　東洋大学でも，2017年度開学の国際観光学部のために，新しい校舎を建築中である。これにも少しでもホスピタリティ・デザインの観点が活かされることを祈りつつ，本書の結びとしたい。

　2016年3月

徳江 順一郎

　※本連載は，JSPS 科研費26570028ならびに26283018の助成による研究成果でもあります。

索　引

A-Z

IR（Integrated Resort）…183

ア

校倉造 …………………………75
アーチ ……………………47, 88
アーツ・アンド・クラフツ
　運動 …………………………59
アップスケール ……………115
アトラクション ……………181
アトリウム ……………………32
阿弥陀堂 ………………………75
アミューズメント
　………………111, 183, 215
アラベスク模様 ………………51
アール・デコ …………………63
アール・ヌーヴォー …………59
イオニア式 ……………………47
異人歓待 …………………5, 7
色温度 …………………………40
インターナショナル・
　スタイル ……………………63
ヴァナキュラー ………………67
ヴィラ …………………128, 133
ウィンドートリートメント
　…………………………………41
ヴォールト ……………………47
エコノミー …………………115
エコロジー建築 ………………68
エジプト建築 …………………46
エステ ………………………178
宴会場 …………111, 115, 161
エントランス ………………134
オーダー ……………………47, 54
オーナメント …………………44

カ

お風呂リビング ……………144
オープンキッチン …………154
おもてなし ………………1, 10
お雇い外国人 …………………81
オリエント建築 ………………46

カ

改装 …………………………219
家具 ……………………………41
カジノ ………………………177
春日造 …………………………71
合掌造 …………………………79
カーテン ………………………42
壁材 ……………………………39
壁立 ……………………………69
関係性のマネジメント ………11
基準客室 ……………………121
キッチン用品 …………………43
吉備津造 ………………………76
客観的品質／性質 ……………22
擬洋風建築 ……………………81
挙式会場 ……………………161
ギリシア建築 …………………47
近代建築の5原則 ……64, 92
クラブ ………………………178
経済的耐用年数 ……………233
ゲストハウス ………165, 184
建築 ……………………………30
国民様式 ………………………87
ゴシック建築 …………………53
ゴシック・リヴァイヴァル
　…………………………………56
コテージ ………………128, 133
コリント式 ……………………47
コンバージョン ……………233
コンポジット式 ………………48

サ

サービス概念 …………………8
サービス・デリバリー・
　システム ……………………24
サービス・マネジメント …24
寺院建築 ………………………72
シカゴ派 ………………………62
磁器 ……………………………43
式年造替 ………………………71
シティホテル ………………115
持仏堂 …………………………75
社会的不確実性 ………………12
シャレー ……………………128
シャワーブース ……40, 130
什器 ……………………………41
集中式 …………………………49
主観的な品質や性質 …………22
宿泊産業 ………………………14
宿泊主体型 …………………138
宿泊特化型 …………………138
書院造 …………………………77
障子 ……………………………42
情緒的ホスピタリティ観 …3
照度 ……………………………40
照明 ……………………………40
　――器具 ……………………40
食事処 ………………………108
寝具 ……………………………42
新古典主義 ……………………56
寝殿造 …………………………77
神明造 …………………………70
スイートルーム ……………119
簾 ………………………………42
スパ …………………………178
住吉造 …………………………71

設備機器 …………………40
セレモニー施設 …………160
禅宗様 ……………………76
尖頭アーチ ………………53
専用露天風呂 ……………104
総合結婚式場 ………172, 202
相克的相互依存関係………27
造作 ………………………39
総湯 ………………………107

タ

大社造 ……………………71
大仏様 ……………………76
耐用年数 …………………197
大浴場 ……………………106
高床 ………………………69
畳 …………………………100
堅穴 ………………………69
建具 ………………………39
ダブル・シンク …………130
卓袱台 ……………………108
ツイン・シンク …………130
ツインルーム ……………42
蹲踞 ………………………78
妻 …………………………70
帝冠様式 …………………87
ディスコントラビズム……68
鉄筋コンクリート造
　（RC造）…………63, 88
テーブル …………………100
　───ウェア …………43
天井 ………………………39
伝統様式 …………………56
陶器 ………………………43
トスカナ式 ………………48
ドーム ……………………49
ドリス式 …………………47

ナ

流造 ………………………76

蹴口 ………………………78
丹塗り ……………………71

ハ

ハイテク建築 ……………67
バウハウス ………………63
箸 …………………………43
バジェット ………………115
バシリカ式 ………………48
バック・オフィス ………25
パッケージ化 ……………20
離れ …………………99, 104
ハリウッドツイン ………43
バロック建築 ……………55
ビザンティン建築 ………49
ビジネスホテル …………115
平 …………………………70
平地 ………………………69
武家屋敷 …………………79
襖 …………………………42
伏屋 ………………………69
物理的環境 …………24, 197
物理的耐用年数 …………233
布団 ……………………42, 100
フライング・バットレス…53
ブラインド ………………42
プリツカー賞 ……………31
プール ……………………178
フルサービス型 …………116
プロセス ………8, 10, 17
フロント …………………109
　───・オフィス ……25
ベッド …42, 103, 118, 128
ポスト・モダン ……67, 93
ホスピタリティ概念 …8, 10
ホスピタリティ産業
　………………3, 10, 14, 96
ホスピタリティについての
　誤解 ……………………1
掘立柱 ……………………71

ホテル ……………………112

マ

曲り家 ……………………79
マニュアル化 ……………20
マネジメント上のインフラ
　ストラクチャー ………24
ミッドプライス …………115
棟持柱 ……………………71
モダニズム ……………63, 88
元湯 ………………………107

ヤ

床材 ………………………39
ユニット化 ………………39
様式建築 ………………63, 89
寄付 ………………………78

ラ

ラグジュアリー …………115
ランプ ……………………40
リヴァイヴァル建築 ……56
リージョナル建築 ………68
リゾートホテル …………115
リノベーション …………233
リブ・ヴォールト ………53
リミテッドサービス型 …116
琉球畳 ……………………103
料飲サービス産業 ………14
料飲サービス施設 …115, 154
旅館 ………………………97
　───業法 ……………97
ルネサンス建築 …………54
レイン・シャワー ………130
露地 ………………………78
露天風呂 …………………104
ロビー ………………109, 134
ローマ建築 …………48, 54
ロマネスク建築 …………52

《著者略歴》
徳江順一郎（とくえ・じゅんいちろう）
上智大学経済学部経営学科卒業。
早稲田大学大学院商学研究科修士課程修了。
大学院在学中に起業し，飲食店やマーケティング関連のコンサルタント，長野経済短期大学，産業能率大学，高崎経済大学，桜美林大学などの非常勤講師を経て，現在，
東洋大学国際地域学部国際観光学科／
東洋大学大学院国際地域学研究科国際観光学専攻准教授。

『ホテルと旅館の事業展開』『ブライダル・ホスピタリティ・マネジメント』（創成社），『ホスピタリティ・マネジメント』『ホテル経営概論』（同文舘出版），『サービス＆ホスピタリティ・マネジメント』『ソーシャル・ホスピタリティ』（産業能率大学出版部）など著書・編著書・学術論文多数。

（検印省略）

2016年6月20日　初版発行　　　　　　　　　　　　　　略称－デザイン

ホスピタリティ・デザイン論

著　者　徳江順一郎
発行者　塚田尚寛

発行所　東京都文京区春日2-13-1　株式会社　創成社

電　話　03（3868）3867　　ＦＡＸ　03（5802）6802
出版部　03（3868）3857　　ＦＡＸ　03（5802）6801
http://www.books-sosei.com　振　替　00150-9-191261

定価はカバーに表示してあります。

©2016 Junichiro Tokue　　　　　組版：でーた工房　印刷：亜細亜印刷
ISBN978-4-7944-2484-6 C3034　　製本：宮製本所
Printed in Japan　　　　　　　　　落丁・乱丁本はお取り替えいたします。

―――――― 経営選書 ――――――

ホスピタリティ・デザイン論	徳江順一郎	著	2,400円
ブライダル・ホスピタリティ・マネジメント	徳江順一郎	編著	1,500円
ホテルと旅館の事業展開	徳江順一郎	著	1,800円
訪日観光の教科書	髙井典子 赤堀浩一郎	著	2,100円
おもてなしの経営学［実践編］ ―宮城のおかみが語るサービス経営の極意―	東北学院大学経営学部 おもてなし研究チーム みやぎ おかみ会	編著 協力	1,600円
おもてなしの経営学［理論編］ ―旅館経営への複合的アプローチ―	東北学院大学経営学部 おもてなし研究チーム	著	1,600円
おもてなしの経営学［震災編］ ―東日本大震災下で輝いたおもてなしの心―	東北学院大学経営学部 おもてなし研究チーム みやぎ おかみ会	編著 協力	1,600円
東北地方と自動車産業 ―トヨタ国内第3の拠点をめぐって―	折橋伸哉 目代武史 村山貴俊	編著	3,600円
経営戦略 ― 環境適応から環境創造へ ―	伊藤賢次	著	2,000円
転職とキャリアの研究 ―組織間キャリア発達の観点から―	山本 寛	著	3,200円
昇進の研究 ―キャリア・プラトー現象の観点から―	山本 寛	著	3,200円
経営財務論	小山明宏	著	3,000円
イノベーションと組織	首藤禎史 伊藤友章 平安山英成	訳	2,400円
経営情報システムとビジネスプロセス管理	大場允晶 藤川裕晃	編著	2,500円
グローバル経営リスク管理論 ―ポリティカル・リスクおよび異文化 　ビジネス・トラブルとその回避戦略―	大泉常長	著	2,400円

（本体価格）

―――――― 創成社 ――――――